Karina und Jürgen Helfricht

Die Jahrtausendflut

2002 in Sachsen

Husum

Umschlagbilder unter Verwendung von Motiven aus dem Buch

Bibliografische Information Der Deutschen Bibliothek

Die Deutsche Bibliothek verzeichnet diese Publikation in der Deutschen Nationalbibliografie; detaillierte bibliografische Daten sind im Internet über http://dnb.ddb.de abrufbar.

Bildnachweis:
Dietmar Falkenberg (25, 29)
Stefan Häßler (8, 10, 12, 28, 32, 33)
Ulrich Häßler (13, 15, 16, 17, 18, 23, 56, 57, 63, 68, 69, 71, 73, 76, 80, 81, 83, 84, 86, 92, 93, 96, 100, 101, 104, 105, 106)
Harry Hertel (36, 37, 40, 41, 44, 46)
Holm Röhner (52, 53, 72, 77, 85, 88)
Ralf Zweynert (45)

5. Auflage 2002

© 2002 by Husum Druck- und Verlagsgesellschaft mbH u. Co. KG, Husum
Satz und Lithographie: Fotosatz Husum GmbH
Druck und Verarbeitung: Husum Druck- und Verlagsgesellschaft mbH u. Co. KG, Postfach 1480, D-25804 Husum – www.verlagsgruppe.de

ISBN 3-89876-070-7

Vorwort

Temperaturstürze, Dauerregen, Hagel und Überflutungen in ganz Europa. Der Albtraumsommer 2002 nach dem verregneten Siebenschläfer schien fast vorbei. Da braute Tief Ilse in der Nacht zum 12. August ein höllisches Unwetter zusammen, öffnete der Himmel alle Schleusen.
Mit voll gelaufenen Kellern, Tiefgaragen, Unterführungen und einem zum Erliegen gekommenen Nahverkehr begann die Tragödie Montagmorgen im sächsischen Leipzig noch vergleichsweise harmlos.
Am frühen Abend brach dann im Osterzgebirge und Teilen der Sächsischen Schweiz die für Deutschland beispiellose Naturkatastrophe los. 312 Liter Regen pro Quadratmeter innerhalb von 24 Stunden stürzten am Erzgebirgskamm bei Zinnwald vom Himmel. Bäche und namenlose Rinnsale schwollen unter den gigantischen Regenfällen zu reißenden, todbringenden Flüssen an. Talsperren liefen über, Rückhaltebecken zerbarsten. Binnen weniger Minuten zerstörten Flutwellen wie die der Gottleuba, Müglitz oder Weißeritz ganze Ortschaften. Straßen, Eisenbahnstrecken und sogar Grenzübergänge wurden unpassierbar. Die entfesselten Gewalten rissen Brücken entzwei, schwemmten Autos, Bäume und Garagen wie Spielzeug hinweg. Von jahrhundertealten Häusern blieben nur Ruinen oder Geröllhalden übrig. Ob Freital, Glashütte, Mühlbach, Pirna, Schlottwitz oder Weesenstein – die Menschen in Gemeinden und Städten traf dieses Unglück völlig unvorbereitet. Fassungs- und hilflos stan-

den sie in den Wassermassen. Manche konnten sich nicht mehr retten. Sie wurden mitgerissen, ertranken in gurgelnden Strudeln, kamen in überfluteten Kellern und Wohnungen ums Leben.

In der gleichen Nacht traf es auch Orte entlang der vereinigten Mulde. Die horrende Wucht des Wassers ließ Städte wie Grimma und Flöha bis zu den Dachrinnen der Häuser versinken. Für viele Tage brachen Strom-, Gas- und Wasserversorgung in unzähligen Kommunen zusammen.

Doch waren all diese Katastrophen nur Vorboten der schrecklichen Jahrtausendflut der Elbe. Seit über 100 Jahren galt sie als weitgehend friedlicher Strom. Plötzlich schlug sie eine Horror-Schneise quer durch Deutschland. Bis zu 15 Kilometer breit kroch die Elbe in den folgenden Tagen aus ihrem Flussbett. Aus Böhmen kommend, verschlang sie in Sachsen, Brandenburg und Sachsen-Anhalt wie ein Moloch Kulturschätze der Menschheit, Städte, Dörfer, ganze Landstriche. Es begann die Zeit der Massenevakuierungen, die Zeit unendlichen Leids und großer menschlicher Dramen.

Es war auch die Zeit der Sandsack-Helden. Ihre verzweifelten Kämpfe um jeden einzelnen Deich bewegten die Welt. Die größte Hilfsaktion der Nachkriegsgeschichte nahm ihren Lauf...

Bundeswehr, Technisches Hilfswerk, Feuerwehr und unzählige freiwillige Helfer versuchten, der Natur Paroli zu bieten. Eine beispiellose Opferbereitschaft einte in diesen Schicksalstagen ganz Deutschland.

Über Wochen hielt die Flut Millionen Menschen in Atem. Zehntausende flüchteten, wurden evakuiert. Tausenden raubte sie die Wohnung, das Haus, die Existenz. Die Milliardenschäden – ihre Narben werden verheilen. Doch die Erinnerung an die deutsche Sintflut des Jahres 2002, an die oft machtlose Menschheit im Angesicht der Urgewalten, wird über Generationen lebendig bleiben. Dabei möchte dieses Buch, noch ganz im Banne der durchlittenen Tage des Grauens geschrieben, einen ersten Beitrag leisten.

Von der Flutwelle zerstörte Häuser in Glashütte

Das Müglitztal-Drama vom 12. August

Starker Regen hat die rund 2500 Einwohner der sächsischen „Uhrmachermeile", an der bekannte Hersteller renommierter Luxusmarken wie „Lange Uhren GmbH", „Glashütte Original" oder „NOMOS" zu finden sind, längst von den Straßen vertrieben. Montagnachmittag, den 12. August 2002, in Glashütte im Osterzgebirge. Wild schäumend schießt die Müglitz Richtung Elbe. Sturm braust über das Gebirge, biegt die Wipfel der Bäume. Plötzlich ein fernes Grollen, dann eine gigantische Flutwelle. Mit tödlicher Wucht rast eine 50 000 Kubikmeter umfassende Wasserlawine zu Tale. Sie schwemmt die auf der Hauptstraße parkenden Autos fort, entwurzelt uralte Bäume, knickt Laternenmasten wie Streichhölzer, reißt ganze Baucontainer und Häuser mit sich. Es ist das Wasser aus dem kleinen Rückhaltebecken im Tal der Prießnitz oberhalb von Glashütte.

Dammbruch in Glashütte

Am Nachmittag bricht hier der vier Meter hohe Damm in zwei Teile. Nahe des Bahnhofs stürzt die Horror-Woge in die übervolle Müglitz, reißt das ganze Tal ins Verderben.

Auf die Verbindungsstraße zwischen Schlottwitz und Glashütte rutschte der Bahndamm.

Während der Fluss bereits in Keller und Erdgeschossräume eindringt, sich wie ein übermütig gewordener Berggeist in den Häusern der Glashütter breit macht, stehen viele Menschen ungläubig an den Fenstern der oberen Stockwerke. Sie ahnen nicht, dass ihr idyllischer Bach zum Todesfluss wird. Stunden später sieht der Ort wie eine einzige aufgerissene Wunde aus. Die schlimmsten Schäden erleiden die Häuser an der Dresdner Straße. In dramatischen Rettungsaktionen werden hier Einwohner geborgen. Und die Flut fordert Menschenopfer.

Sonst 40 Kilometer Idylle

Die Müglitz – sie hat ihr Quellgebiet im nahen böhmischen Vorderzinnwald. Ruhig schlängelt sie sich meist durch das vierzig Kilometer lange Tal, sprudelt unter 80 Brücken hindurch, plätschert leise über zwanzig Kilometer an romantischen Felsen vorbei. Wo das Tal breit ist, entstanden seit dem Mittelalter Siedlungen der Zinn- und Silbererzbergleute sowie von Waldarbeitern, Fischern und Flößern. Daraus entwickelten sich Dörfer und Städte: Lauenstein, Bärenstein, Glashütte, Schlottwitz, Weesenstein und Dohna. Bei der Stadt Heidenau mündet die Müglitz in die Elbe. Was man zum Anfang des 21. Jahrhunderts fast vergessen hat: Seit Jahrhunderten leben die Menschen hier auch mit der tückischen Müglitz. Mit einem Fluss voll unberechenbarer Hochwasser, der schreckliche Verheerungen anrichten kann, dessen tobende Fluten immer wieder Menschen töten, obdachlos machen.

An der Dresdner Straße sieht Glashütte wie eine einzige aufgerissene Wunde aus.

Vier Menschen überleben fünf Stunden lang auf diesem Mauerrest von Weesenstein

Katastrophen alle 30 Jahre

Unbegreiflich, wie schnell die Müglitz anschwellen kann. Auch 1897 zeigte sie ihr hässliches Gesicht. Wochenlanger Landregen hatte den Boden wie einen Schwamm gesättigt. Als dann am 29. Juli ein Wolkenbruch über dem Erzgebirgskamm niederging, wälzte sich am 30. Juli eine katastrophale Flutwelle zu Tale. Häuser barsten, Bäume splitterten, Brücken brachen, Schienen bogen sich. Das ganze Viertel um den Bahnhof – ein einziger See! Zwei Brücken, das neue Schwimmbad, Scheunen, Gärtnerei – fortgeschwemmt, vernichtet. 30 Jahre später, am 8./9. Juli 1927 ein erneuter Wolkenbruch mit immensen Folgen. Wie eine Todeswalze jagte die sechs Meter hohe Flutwelle das Tal herab, zertrümmerte Häuser und die steinerne Kurfürst-Moritz-Brücke. Da half kein Flehen und kein Beten. Zwölf Todesopfer, darunter Kinder, waren allein in Glashütte zu beklagen. Zusammen mit den in Nachbartälern umgekommenen Menschen zählte man damals 150 Tote und hunderte Verletzte.

Nach heftigen Regengüssen breitete sich am 22. Juli 1957 unter den Bewohnern des Müglitztales wieder Angst aus. In Mühlbach brach ein Damm, zerstörte im Tal an zwölf Stellen die Gleisanlagen.

Im Sommer 2002 wähnen sich die Bewohner des Tales in Sicherheit. Denn seit den siebziger Jahren war im Tal eine Kaskade von Rückhaltebecken errichtet worden. Und gerade erst am 5. August hatte Sachsens Umweltminister Steffen Flath den Grundstein für ein neues Hochwasserbauwerk gelegt. Der schon seit Jahrzehnten geplante, 32,5 Meter hohe Staudamm oberhalb des Ortes Lauenstein mit einem Stauinhalt von 2,5 Mil-

So sehen viele Weesensteiner Häuser nach der Katastrophe aus.

Auch der Park von Schloss Weesenstein gleicht nach der Flutwelle einer Geröll-und Schlammhalde.

16

Fassungslos steht die Besitzerin vor den Resten ihres zerstörten Hauses, das in den Fluten des Flüsschens Seidewitz versank.

Familie Jahn vor ihrem zerstörten Haus in Weesenstein.

lionen Kubikmetern sollte 2005 fertig sein. „Das Wasser", versprach der Minister, „kann die Wassermengen eines Jahrhunderthochwassers aufnehmen, sichert den Hochwasserschutz für die Gemeinden bis nach Heidenau." Die Katastrophe vom 12. August 2002 – der Lauensteiner Staudamm hätte sie wohl auch nicht verhindern können.

Schlottwitz wird zur Insel

Das Müglitztal – ein einziger reißender Strom, in dem große Wackersteine dumpf über Asphalt poltern. Geising erleidet Schäden. Lauenstein ist praktisch von der Außenwelt abgeschlossen, die Talstraße auf knapp 100 Meter Länge vom Wasser zerstört. Gespenstisch bahnt sich das Hochwasser der Müglitz seinen Weg durch Bärenstein. Schlottwitz wird zur Insel. Die Brücken am Ortsein- und -ausgang sind vernichtet. Durch fast jedes Haus, auch durch die Bäckerei, fließt das Wasser, hinterlässt Dreck, Schlamm, Verwüstung und macht in wenigen Stunden wertlos, wofür mancher ein Leben lang gespart, hart gearbeitet hat.

Die Müglitz reißt Eisenbahnbrücken der Strecke nach Altenberg weg, zerrt an Hauswänden, unterspült Fundamente, hinterlässt umgerissene Schaltkästen, schräg stehende Bahnschranken, aus den Verankerungen gehobene Gleisanlagen. Fluten vermischen sich mit dem Heizöl ausgelaufener Tanks, mutieren zu einer stinkendbraunen Dreckbrühe. Diese breitet sich wie der Schlamm auch in den Häusern von Mühlbach aus. Alten wie jungen Menschen raubt die Müglitz in wenigen Minuten die ganze Habe. Sie überflutet den neuen Sportplatz und den gerade erst sanierten Kindergarten. Am Vormittag waren noch die letzten Tapeten geklebt, die neuen Möbel eingeräumt worden.

Die Todesflut von Weesenstein

Doch am schlimmsten trifft es die kleine Gemeinde Weesenstein. Seit 1. März 1994 gehören die rund 200 Bewohner am Fuße des uralten Wettiner-Schlosses zur Gemeinde Müglitztal. „Das schönste Tal Sachsens" nannte der besonders geistvolle Schlossherr und Literat König Johann von Sachsen das Müglitztal. Er hatte solch eine Flut nicht miterlebt! Das Knarren und Knacken von Häusern, die wie mürbe Kekse auseinander brechen, für immer von den Flurplänen radiert werden. Die verzweifelten Schreie hilfloser Menschen im Angesicht des Todes. Das Donnern, wenn entwurzelte, riesige Baumstämme und Gartenlauben wie Rammböcke gegen Hausfassaden schmettern.

Zwei Tote sind in der kleinen Gemeinde zu beklagen. Zehn Wohnhäuser, darunter ein Wohnhaus der Gemeinde für sechs Familien, verwandeln sich binnen kurzer Zeit in Schutt und Schlamm. Die Brücken, die Straßen, das gerade für eine Million Euro fertig gestellte Kanalsystem werden komplett weggespült. „Erst denkt man", so Bürgermeister Jörg Glöckner erschüttert, „da läuft ein schrecklicher Film im Kino ab. Das kann doch nicht Wirklichkeit sein." Doch die düstere Wirklichkeit überflügelt in Weesenstein jede Phantasie.

Der Garten, in dem Michael Jahn, seine Ehefrau und die Kinder noch Samstag grillten, mit Gästen die Schuleinführung des Sohnes feierten, gleicht jetzt einer Geröllhalde. Ihr sieben Jahre lang saniertes Fachwerkhaus Schulstraße 10 wurde zur Ruine. Doch Weesenstein erlebt auch ein Wunder, das ganz Europa bewegt. Umtost von der Todesflut überleben vier Menschen die ganze Nacht auf einem nur 36 Zentimeter schmalen Mauerrest ihres fortgeschwemmten Hauses: Heiko Jäpel, seine 68-jährige Mutter, Sohn und Tochter.

Auch Dohna wird erschüttert

Selbst im beschaulichen Städtchen Dohna mit seinen 6000 Einwohnern bleibt in Flussnähe kaum ein Stein auf dem anderen. Die alten Häuser entlang der Müglitz, die der Stadt unterhalb der 1402 zerstörten Burg ein unverwechselbares Bild geben, sind der Rebellion des jagenden Wassers hilflos ausgeliefert. Familien werden ihres Obdachs beraubt. Trümmer, wo der Kindergarten stand. Die Hauptstraße zum Gebirgskamm und zum Grenzübergang nach Tschechien bis in drei Meter Tiefe einfach weggespült. Viele Bewohner von Heidenau, denen meist „nur" die Keller voll laufen, hören in den nächsten Tagen erschüttert von den kaum fassbaren Schäden, dem unermesslichen Leid ihrer Nachbarn im Osterzgebirge.

Der Held von Zuschendorf

Unweit des Müglitztals verwandelt sich Montagabend noch ein Bach zum wütenden Riesen: der 20 Kilometer lange Seidewitzbach im gleichnamigen Tal. Bei Zehista speist er die Gottleuba. Nie sahen die rund 150 Zuschendorfer in ihren 50 Häusern, die von der Stadt Pirna verwaltet werden, die Seidewitz so wild. Sie tritt 80 Meter breit über die Ufer, reißt Brücken weg, beschädigt 75 Prozent der Gebäude durch Schlamm und Wasser, richtet bei zwei Wohnhäusern Totalschaden an. Nur was sie auf dem Leibe tragen, können Bergmann Andrè Guttowski, Ehefrau Irena sowie die Töchter Linda und Marie retten. Dann bricht ihr liebevoll saniertes Haus auseinander, spülen die Fluten Wohnzimmer, Schlafzimmer und alles Inventar weg. Ein tapferer 37-jähriger Feuerwehrmann aus Pirna erkennt die Gefahr, rettet Irena Guttowski über die zum reißenden Strom gewordene Straße: Frank Köckritz! Dann gerät der liebevolle Ehemann und Vater zweier kleiner Töchter (1 und 4 Jahre alt) unter ein im Wasser treibendes Auto, ertrinkt. 200 Feuerwehrleute stehen bei seiner Beerdigung auf dem Friedhof von Graupa Ende August Spalier. Der Held von Zuschendorf – die Stadt Pirna bestattet ihn in einem Ehrengrab.

Erste Hilfe für Familie Guttowski, die in Pirna-Zuschendorf nur das nackte Leben retten konnte, ihr Haus aber verlor.

Milliarden-Schäden entlang Roter und Wilder Weißeritz

Viele Bewohner von Altenberg, Waldbärenburg, Kipsdorf, Schmiedeberg, Obercarsdorf, Ulberndorf, Dippoldiswalde machen sich den ganzen Sommer lang Gedanken über den anschwellenden Fernverkehr auf der Europastraße 55 und Bundesstraße 170. Die Gefahren durch Abgase von täglich 2000 Transit-Brummis, die Erschütterungen an den Häusern, ja das Leben der Schulkinder wird bei Protestdemonstrationen und auf Flugblättern diskutiert. Niemand ahnt, dass eine viel größere Gefahr von der neben der Straße leise plätschernden Roten Weißeritz ausgeht. Bei Altenberg entspringt das Flüsschen und bahnt sich über 30 Kilometer mit 686 Metern Gefälle seinen Weg bis Freital-Hainsberg. Hier vereint es sich mit der Wilden Weißeritz (53 Kilometer lang, 616 Meter Gefälle, Quelle bei Neustadt in Böhmen) und fließt nach fast 14 Kilometern als Vereinigte Weißeritz friedlich bei Dresden-Cotta in die Elbe.

Doch der Sintflut-Regen in den 155 Quadratkilometer großen Zuflussgebieten der sonst so gemütlichen Roten Weißeritz macht aus ihr am 12. August einen schäumenden Wildbach. Sie tritt über die Ufer, wächst Montagmittag zum alles zermalmenden Flussungeheuer an.

Die entfesselte Weißeritz schwemmte diese Autos übereinander.

Häuser wie Puppenstuben

Durch Kipsdorf reißt die Rote Weißeritz eine Schneise der Verwüstung. Unvorstellbar, nur mit einem Krieg vergleichbar: Autos, die bis zum Dach im Schwemmsand stecken, Berge von Geröll, Felsbrocken und wie Streichhölzer geknickte Bäume. Daneben geborstene Strom- und Telegrafenmasten, zerstörte Straßen. In Häuser kann man plötzlich wie in Puppenstuben blicken, weil ganze Mauern fehlen. Altenbergs Bürgermeister Thomas Kirsten, der sich mit seinem Jeep zu den abgeschnittenen Menschen durchkämpft, ist zum Heulen zu Mute. Zehn Jahre Investitionen in den Fremdenverkehr werden an einem Tag hinweggespült.

Auch Weißeritztalbahn Flutopfer

Sie ist der Stolz der Menschen im Tal, die dienstälteste öffentliche Schmalspurbahn der neuen Bundesländer mit vollständig erhaltenen Verkehrs- und Betriebsaufgaben – die Weißeritztalbahn. Vom 1. November 1882 bis zum 12. August 2002 dampfte sie die 26 Kilometer über zuletzt 34 Brücken von Freital-Hainsberg bis zum Kurort Kipsdorf. Durch den Bau der Talsperre Malter wurde ihre Trasse verlegt. Beim großen Hochwasser von 1897 ruhte der Betrieb nur 42 Tage. Die Gewalt der Natur macht sie nun auf lange Zeit unbefahrbar, zerstört Brücken, verbiegt Schienen, unterspült Bahndämme. Wer zahlt die Millionen, damit diese Dampftradition Sachsen erhalten bleibt?

Fluss tobt durch Schmiedeberger Schule

In Obercarsdorf verwandelt die Rote Weißeritz Wohngebäude in abrissreife Ruinen. In Schmiedeberg verlässt sie ihr altes Bett, legt die Fundamente stabiler Häuser frei, schwemmt Berge von Strandgut an, macht aus Vorgärten und dem Marktplatz Schutthalden. Auch einen Teil der Grundschule reißt die zur wilden Furie gewordene Weißeritz mit sich. Glücklicherweise können alle Schüler rechtzeitig in Sicherheit gebracht werden.

Talsperren laufen über

Schon nach der Unwetterwarnung des Deutschen Wetterdienstes am Abend des 11. August lässt man in den für Dresden wichtigen Talsperren Lehnmühle, Klingenberg und Malter Wasser ab. In Lehnmühle 1,7 Millionen Kubikmeter, in Klingenberg 273 000 Kubikmeter und in Malter 154 000 Kubikmeter. Doch der freie Stauraum erweist sich für diese Sintflut als viel zu klein. Schon gegen Montagmittag wird im Mittleren Erzgebirgskreis Katastrophenalarm ausgelöst, am Nachmittag im Landkreis Freiberg, am Abend im Weißeritzkreis und in Dresden. 20.15 Uhr läuft Malter über. Ungehindert ergießen sich die Wassermassen nach Freital, vereinen sich mit den Fluten der Wilden Weißeritz, die schon in höher gelegenen Ortschaften wie im Tharandter Badetal ein schreckliches Zerstörungswerk an Eigenheimen, Betrieben, Geschäften, Straßen angerichtet hat.

Die zerstörte Grundschule von Schmiedeberg

Das berühmte blaue Haus von Freital in Schieflage. Die Vereinte Weißeritz unter-spülte Fundamente. Das Wohn- und Geschäftshaus muss abgerissen werden.

Freital wird verwüstet

Die Weißeritz-Woge greift sich die Industriestadt Freital mit 40 000 Einwohnern. Hotels, Restaurants, Betriebe, eine Papierfabrik, Tankstellen, Buchläden, Bäckereien, Fleischereien – überall rauscht das Wasser durch. Kein Keller im Tal bleibt trocken. Arztpraxen werden selbst zu Notfällen. Wie ein von tosenden Sturmfluten umkämpfter Fels trotzt das Potschappeler Rathaus der Brandung. Doch gerade fertig sanierte Häuser halten dem enormen Druck nicht stand, stürzen zusammen. Oberbürgermeister Klaus Mättig steht wie viele Freitaler vor einem Scherbenhaufen. Zwei Schulen saufen ab, die Gasleitungen bersten. Durch das Buga-Center mit 50 Geschäften brausen die Fluten. Die Dresdner Straße mit über 100 Läden sieht aus wie nach einem Krieg. 48 Immobilien sind abbruchreif. Rettungskräfte des DRK evakuieren 620 Patienten des Freitaler Krankenhauses. Auch Gesunde müssen sich in Sicherheit bringen, rund 2000 verlassen ihre Bleibe. Von panischer Angst getrieben, klettern einige Freitaler auf die Hausdächer, während der Fluss die Fundamente ihres Lebens wegreißt. Hubschrauber können am nächsten Morgen fast alle retten. Leider nicht eine 76-jährige Freitalerin. Per Hubschrauberwinde wird sie aus ihrem vom Wasser eingeschlossenen Haus gehoben. Aber die alte Dame verlassen die Kräfte. Sie rutscht aus dem Gurt, stürzt 12 Meter in die Tiefe.

Panik nach Fehlalarm

Dramatische Szenen noch einmal am Mittwoch, kurz vor halb zwölf. Eine Radiomeldung lässt bei den leidgeprüften Menschen zwischen Tharandt und Freital Panik ausbrechen. In Malter sei die Talsperre gebrochen, hallt es durch das Tal. Von Todesangst getrieben, erklimmen die Bewohner Hänge und höher gelegene Ortschaften. Ein Fehlalarm! Wäre die Staumauer tatsächlich gebrochen, so später ein Minister, hätte es sicher tausende Tote bis nach Dresden gegeben. Doch auch ohne Talsperren-Bruch sind in Freital ganze Straßenzüge verwüstet. Die Hälfte der 4800 kommunalen Wohnungen in Freital stehen unter Wasser, rund 4000 Einwohner haben teilweise enorm unter dem Hochwasser zu leiden. Schäden von über einer halben Milliarde Euro für den Weißeritzkreis werden Ende August prognostiziert. Da sind aber die Einbußen der knapp 60 betroffenen Wirtschaftsbetriebe, der Gas- und Elektroversorger noch nicht berücksichtigt.

Die Weißeritz fällt Dresden in den Rücken

Fassungslos verfolgen die Dresdner Montagabend in Rundfunk und Fernsehen die noch spärlich fließenden Hiobsbotschaften aus dem Erzgebirge. Sie bangen um das von Moldaufluten bedrohte Prag, registrieren mit Erstaunen Zwangsevakuierungen in Böhmen und machen sich auch langsam Sorgen um die Elbe. Nur wenige ahnen, dass die Gefahr vorerst von ganz anderer Seite kommt. Wie ein Dolchstoß in den Rücken

Neben dem Sächsischen Landtag fließt die Weißeritz am 13. August in die Elbe.

Von den Fluten der Weißeritz überspült: Könneritzstraße und Schützenplatz in Dresden.

von Elbflorenz überflutet die Vereinte Weißeritz in der Nacht zu Dienstag in ihrem ungestümen Drang Richtung Elbe ganze Stadtteile. Dabei verlässt sie das von Menschenhand gebaute Kanalsystem, folgt dem wohl seit Jahrtausenden gewohnten Lauf. In Löbtau und Friedrichstadt werden Straßen zu reißenden Flüssen. Menschen taumeln, suchen Rettungsanker. Aus dem Friedrichstädter Krankenhaus und einem Pflegeheim evakuiert man Patienten bzw. Bewohner.

Sturzfluten ergießen sich über den Dresdner Hauptbahnhof, der komplett stillgelegt werden muss. 42 Millionen Euro Schaden allein hier. Züge, Gleise, elektrische Anlagen, das Reisezentrum, die Ticketautomaten, Geschäfte – alles zerstört!

Dienstagmorgen beginnt die Überschwemmung auch im Dresdner Zeitungsviertel nahe des Sächsischen Landtages. BILD, Dresdner Morgenpost und Sächsische Zeitung sind Flutopfer. Deren tägliches Erscheinen wird fortan aus den Evakuierungsorten Leipzig, Berlin und Bautzen gesteuert. Im Dresdner Stadtzentrum laufen die Tiefgaragen voll. Bei Karstadt und anderen großen Geschäftshäusern sowie Hotels versinken hunderte unter der Erde geparkte Autos in der braunen Suppe. Fahrstühle bleiben stehen. In der gesamten Dresdner Altstadt fällt der Strom aus. Die Gasversorgung wird vorsorglich abgeschaltet. Trinkwasser- und Telefonleitungen sind größtenteils unterbrochen. Angesichts der unvorstellbaren Katastrophe bekommen Sachsens Schüler erstmals „Hochwasserfrei".

Alarm an Zschopau, Flöha und den Mulden

Die Städte überflutet, Autos, Bungalows und Bäume fortgerissen, Häuser und Brücken eingestürzt. Dazu unterspülte Straßen, gesperrte Bahnstrecken, Verkehrs-Chaos überall – solch Katastrophe hat man in den Regierungsbezirken Chemnitz und Leipzig noch nie erlebt. Flüsse wie Flöha (78 Kilometer lang), Zschopau (126 Kilometer lang), Zwickauer (170 Kilometer lang) oder Freiberger Mulde (124 Kilometer lang) und ihre Nebenflüsse entwickeln sich zu reißenden Strömen.

Flöha erwischt es schlimm. Die Stadt steht am 13. August bis zu 2,50 Meter unter Wasser. Überflutet wird das Pufendorf-Gymnasium, die Feuerwehr, die neue Sporthalle. An der Kirchenbrücke, die eigentlich bis November saniert werden sollte, sind die Auffahrten weggeschwemmt. Selbst die daneben errichtete Behelfsbrücke für den Verkehr der B 180 ist total zerstört.

Land unter auch in Olbernhau, wo sich das Flüsschen Flöha schon wie ein wildes Tier gebärdet, Wohnungen und Geschäfte beispielsweise an der Grünthaler Straße nahezu zwei Meter hoch unter Wasser setzt. Ob Auto- oder Möbelhaus, Behindertenheim – überall riesige Schäden.

Das Zschopautal zwischen Flöha, Braunsdorf und Frankenberg wird verwüstet, die meisten Brücken unpassierbar. Niederwiesaer Bürger flüchten

*Bundeswehrsoldaten begutachten die Schäden an der Kirchenbrücke zu Flöha.
Fast fünf Tage benötigt man, die Brücke der B 180 aus dem Fluss zu heben.*

Das THW aus Görlitz rettet zwischen Flöha und Erdmannsdorf-Augustusburg vom Wasser eingeschlossene Menschen im Boot.

sich in größter Not auf ihre Dächer. In Bobritzsch verschwinden fünf Brücken in den Fluten. Not in Frankenberg, Hainichen, Penig, Rochlitz und Lunzenau.

Schiff kracht gegen Staumauer

Tosend schießen wie in Eibenstock wilde Wasser über voll gelaufene Talsperren. Sie richten auch in Aue und Schwarzenberg ein Zerstörungswerk an. Bei stürmischem Wind reißt sich in der Talsperre Kriebstein das Motorschiff „Hainichen" von der Stahltrosse, kracht gegen die Mauerkrone. Im Osten Leipzigs spitzt sich die Hochwassersituation am Vormittag des 13. August dramatisch zu. Zehntausende Menschen des Muldentalkreises in den Landkreisen Delitzsch, Döbeln, Torgau-Oschatz werden aufgerufen, ihre Häuser zu verlassen. Viele von der Sintflut eingeschlossene Menschen sind nur noch per Hubschrauber oder Boot zu erreichen. Doch ist die Strömung zu stark, versagt auch diese letzte Fluchtmöglichkeit.

Katastrophenalarm in Döbeln

Weil der Pegel rasant steigt, ruft man schon in der Nacht vom Dienstag zum Mittwoch Katastrophenalarm für Döbeln aus. Bis zu drei Meter hoch steigt die Flut in der Innenstadt, richtet auch am gerade sanierten Theater 1,5 Millionen Euro Schaden an. Evakuierungsaktionen laufen an. Eigentlich sollte hier Anfang September der „Tag der Sachsen" stattfinden. Als das Hochwasser-Inferno in der Stadt tobt, flattern an vielen Fenstern die zur Einstimmung auf das Fest angebundenen Fähnchen. Der „Tag der Sachsen" muss zu den Akten gelegt werden. Wer soll in einer Stadt feiern, in der 431 Wohnungen und 569 Gewerbebetriebe teilweise schwer geschädigt sind?

Orte wie Nossen, Waldheim, Leisnig, Rochlitz bekommen ebenfalls die Wucht der Natur zu spüren.

Rettung auf die Empore in Grimma

Über Lautsprecher warnt die Polizei vor der ansteigenden Mulde. Doch nur wenige hören es. Sechs Stunden später jagt die reißende Mulde bis zu zwei Meter hoch durch Grimma. Noch Wochen nach dem Hochwasser sucht man Schuldige. Wurden die Bürger zu spät informiert? Die nach Öl und Diesel stinkende Brühe dringt bis in die ersten Stockwerke der 19 000-Einwohner-Stadt vor. Sie frisst sich in die Renaissance- und Barockfassaden rings um den Marktplatz, in die schmalen Ladenstraßen, in romantische Cafés und Kneipen. 350 Läden und fast 500 private Haushalte versinken. Ganze Existenzen werden von der Flut weggespült. Dramatische Szenen spielen sich in der Frauenkirche ab. Über 50 Männer, Frauen und Kinder, darunter ein vier Wochen alter Säugling, flüchten in das Gotteshaus. Doch auch hier steigt das Wasser immer höher. Da retten sie sich auf die Empore, halten über Stunden in der erdrückenden, feuchtwarmen Luft durch. Erst mit schweren Booten, die die Bundeswehr per

Montagabend vor der Central-Drogerie von Aue. Die Mulde hat die Bahnhofstraße teilweise schon einen Meter hoch überflutet. Niemand ahnt, dass in der Nacht die nächste Hochwasserwelle kommt.

Jens Philipp aus Olbernhau steht vor seinem zerstörten Haus. Die Flöha hat es mitgerissen.

Hubschrauber einfliegt, werden sie geborgen. Nicht alle haben so ein Glück. In der unter Wasser stehenden Mühlstraße 12 entdeckt die Polizei einen 52-jährigen Toten.

Am ersten Tag nach der Horror-Flut gleicht die Perle des Muldentals einer von Erdbeben oder Krieg heimgesuchten Geisterstadt. Den Bürgern von Grimma reißt es fast das Herz heraus. Dem bereits geplanten Abriss zu sozialistischen Zeiten entgangen, in zwölf Jahren liebevoll saniert, ist ihre Stadt nun wieder am Boden. Wo sich einst die Schulstraße durch die Altstadt zog, klaffen metertiefe Gräben, ragen Rohre und Kabel gespenstisch aus der Erde. Pflastersteine wackeln wie morsche Zähne. Überall kaputte Schaufenster, von Schlamm verwüstete Läden, Autowracks zwischen Ruinen. Dazu die Müllberge, rund 30 eingestürzte Häuser ...

Das vergessene Bennewitz

Nach der Sintflut packen in Grimma tausende Hände an, treffen Spenden aus ganz Deutschland ein. Zur gleichen Zeit fühlt sich die 5500 Einwohner zählende Gemeinde Bennewitz, 18 Kilometer flussabwärts vor den Toren Wurzens gelegen, vergessen. 580 Gebäude, größtenteils Wohnhäuser, erleiden Schaden. 150 000 Liter ausgeflossenes Heizöl drohen die Felder rund um den Ort zu verseuchen. Aber kein Journalist verirrt sich nach Bennewitz. Ohne Medienpräsenz jedoch keine bundesweite Anteilnahme, ohne Tränen kaum Spenden ...

Eilenburg überflutet

In Eilenburg beschließen die Behörden am Dienstag, die gesamte Innenstadt vor der anrollenden Flutwelle der Vereinten Mulde zu evakuieren. Doch Einwohner sträuben sich, ihre Häuser zu verlassen, leisten Widerstand. Am Abend bricht dann tatsächlich ein Damm, die Mulde überflutet die Innenstadt. Auch das neue Finanzamt, wo das Wasser im Erdgeschoss 1,70 Meter hoch steht. Über Tage sind Schlauchboote die einzigen Fortbewegungsmittel. Markerschütternde Angstschreie hört man aus dem Zoo, wo Affen und Vögel in die Spitzen von Volieren und Käfigen flüchten. Das Damwild lässt Tierparkleiter Stefan Teubner während der Flut noch frei. Doch jedes Dritte der ehemals 250 Tiere kommt um: Wellensittiche, Kaninchen, Meerschweinchen, Chinchillas, Luchskatze Susi ...
Und die Sachsen bewegt eins von vielen Eilenburger Schicksalen besonders: Feuerwehrmann Andreas Prüfrock hilft anderen, füllt am Ufer der Mulde Sandsäcke. Währenddessen werden Ehefrau Anke, die sechs Söhne (ein bis 18 Jahre alt) und er obdachlos. Wassermassen rauben ihnen die Wohnung und alles Inventar. Insgesamt fünf von 60 Eilenburger Feuerwehrleuten nimmt das große Wasser fast alles.

In Niederwiesa bei Flöha evakuiert die Feuerwehr bei strömendem Regen mit dem Radlader Anwohner aus dem überfluteten Dorf.

Eindrücke aus Grimma

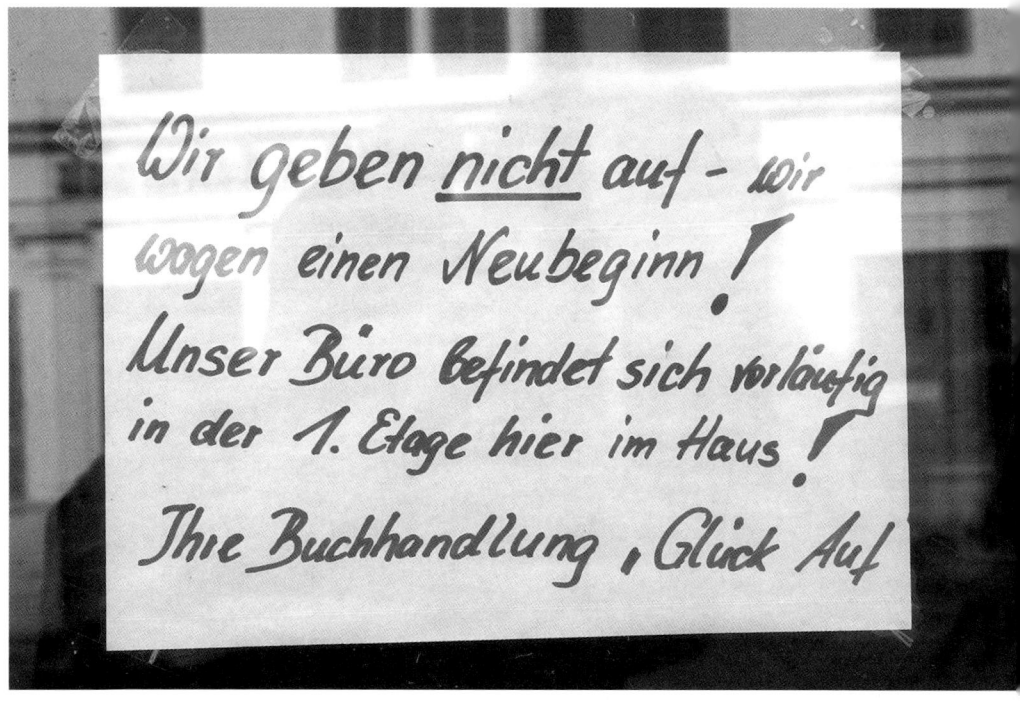

Wie an dieser Buchhandlung in Olbernhau zeigen Plakate, dass die Inhaber zerstörter Geschäfte nicht aufgeben.

Sieben Schicksalstage der Elbe

Potzblitz! Warum spielt der Himmel so verrückt? Dies fragen sich am Montagmorgen viele Menschen entlang der Elbe. Jene, die dicht am Wasser wohnen, blicken besorgter als andere zum Fluss. Tageszeitungen berichten, dass die „Sächsische Dampfschifffahrt" wegen Hochwassers ihren Ausflugsverkehr eingestellt hat, die Fähren nicht mehr arbeiten. Selbst das Magdeburger Kreuzfahrtschiff „Theodor Fontane" wird Sonntag in Dresden gestoppt. Das Terrassenufer, Dresdens tiefstgelegene Straße an der Elbe, ist für den Fahrzeugverkehr gesperrt.

Montag besteht noch Hoffnung

Trotz eines Elbpegels von 5,50 Meter haben die Dresdner Filmnächte noch Hoffnung, dass mit wenigstens 2000 Sitzplätzen das allabendliche Kinospektakel weitergehen kann. Die anderen 2000 sind längst überflutet. „Aus der Mitte entspringt ein Fluss" heißt der heutige Streifen. Wie passend! Doch die Meldungen aus Böhmen sind an diesem 12. August alles andere als heiter.
Die Moldau bedroht mit ihren enormen Wassermassen Teile der historischen Altstadt und andere Viertel von Prag. Von dort ist es nicht weit bis Melnik, wo sich Moldau und die bereits übervolle Elbe vereinen, als Rekordflut gen Dresden drängen. Fast ist es, als ob die Elbe ertrinkt. Nach

Das überflutete Elbtal bei Birkwitz-Pratzschwitz

Der von Wassermassen der Elbe heimgesuchte Dresdner Stadtteil Kaditz-Mickten

den Meteorologen erkennen Hydrologen vom Sächsischen Landesamt für Umwelt und Geologie die Brisanz. Doch auch sie haben keine Erfahrung mit jener gewaltigen Wasserwalze, die da auf Sachsen zukommt. Düstere Prognosen werden von der Wirklichkeit oft noch übertroffen. Die Schreckensvision der schlimmsten Flut seit Menschengedenken im Elbtal wird zur bitteren Tatsache.

Unsere 1091 Kilometer lange Elbe, deren Quelle sich 1390 Meter über dem Meeresspiegel bei Spindlermühle im tschechischen Riesengebirge befindet, wird in diesen Tagen zum Schicksalsstrom. In Städten und Gemeinden sind Wasserstände und Tauchtiefen plötzlich wichtiger als Lottozahlen und Fußballergebnisse.

Dienstag versagt der Pegel

Seit dem Vormittag ist das Elb-Hochwasser nicht mehr automatisch messbar. Die Elbpegel liefern mangels Strom über Fernabfrage keine Daten mehr, werden teilweise gänzlich fortgerissen. Unter Lebensgefahr liest man Pegellatten wieder per Hand ab. Sachsen schließt die Grenzübergänge nach Tschechien. Vier Mal täglich tagt ab sofort im Lagezentrum des Innenministeriums der von Sachsens Ministerpräsident Prof. Georg Milbradt persönlich geleitete Krisenstab. Breit und braun wälzt sich die Elbe dahin. Fässer und Baumkronen kommen geschwommen, manchmal eine halbe Gartenlaube. Die Elbe schwappt in Keller, frisst sich durch Höfe, Häuser, Straßen, Plätze, ganze Wohngebiete und Orte, dringt in Wohnungen, Geschäfte ein. Jeder versucht so gut wie möglich, sein Hab und Gut zu sichern. Anwohner verbarrikadieren ihre Häuser und Läden mit Sandsäcken, verkeilen mit schweren Holzschal-Tafeln ihre Eingänge, umhüllen Mauern mit Folien, schwarzen und blauen Plastiksäcken. Viele packen das Nötigste ins Auto, fliehen zu Freunden und Verwandten in höher gelegene Orte.

Mittwoch herrscht Land unter

Schöna meldet am Abend einen Pegel von 8,35 Meter. Land unter in den schönsten Tourismusgemeinden des Elbsandsteingebirges. Von den 1800 Einwohnern der Stadt Wehlen sind beispielsweise 600 betroffen, in Bad Schandau entstehen an über 300 Häusern schwere Schäden. Hier und in Königstein gibt es keinen einzigen Gewerbetreibenden, der ungeschoren davonkommt. In Dresden werden sieben Meter erreicht, startet die Bundeswehr in vier Krankenhäusern und dem Herzzentrum eine Evakuierungs-Aktion. Darunter sind um die 400 Intensivpatienten. Sie werden mit einem Airbus, zwei Transall-Maschinen und einem Großraumflugzeug – alle verfügen über medizinische Einrichtungen oder zumindest Liegen – in andere Städte ausgeflogen. In elbnahen Stadtteilen wie Laubegast werden die Anwohner gebeten, die Keller zu räumen und das Wohngebiet zu verlassen. Für eine geordnete Evakuierung fehlt es an Helfern. Überschwemmungsgefahr in den Ortsteilen Gohlis und Teilen von Cossebaude.
Die Flut erreicht auch Sachsen-Anhalt. Im Landkreis Bitterfeld lässt die Mulde die Orte Jeßnitz und Raguhn versinken. Dessau bringt 4500 Menschen in Sicherheit.

51

Die Dresdner Innenstadt mit Landtag, Semperoper und Zwinger.

Auch Dresden-Laubegast versinkt.

Donnerstag sind 29 000 evakuiert

In Tschechien sprengen Sondereinsatz-Kommandos fünf Lastkähne, die sich von einer Pier in Tetschen losgerissen haben. Teile des Chemiewerkes Spolana stehen im nordböhmischen Aussig unter Wasser. Die Sächsische Schweiz meldet, dass nun ganze Orte unter Wasser stehen. Wie auch große Teile der Altstadt von Pirna. Entlang des Elbtals sind bereits 29 000 Menschen evakuiert. Die riesige Flutwelle rollt von Schmilka Richtung Landeshauptstadt. Der Zugverkehr zwischen Dresden und Tschechien ist eingestellt. In der Nacht übersteigt der Fluss in Dresden die 8,77-Meter-Marke. So hoch kam die „Sächsische Sintflut" im Jahre 1845. Alle Deiche werden überschwemmt. In Loschwitz versinkt der historische Friedhof, laufen Grüfte voll Wasser. Bei der Evakuierung weiterer 30 000 Menschen in Bad Schandau, Krippen, Pirna, Coswig, Radebeul und Meißen sollen Soldaten von Bundeswehr und US-Armee helfen. Keine Hoffnung für das Neubaugebiet Röderau-Süd bei Riesa, das erst in den 90er Jahren im Überschwemmungsgebiet der Elbe gebaut wurde. Eine internationale Expertenstudie macht die Runde. Demnach sind im Falle eines Mega-Hochwassers bei Deichbrüchen entlang der Elbe in Sachsen-Anhalt bis zu 270 000 Menschen in über 180 Orten bedroht.

Freitag streiken selbst Handys

Riesige Schäden in der Sächsischen Schweiz. Am Nachmittag erreicht die Elbe in Dresden mit 9,24 Meter einen neuen historischen Höchststand.

Alle Elbbrücken – außer der der Autobahn A4 – sind gesperrt. Dresden ist komplett durch Sicherheitskräfte abgeriegelt. Weitere 33 000 Dresdner müssen ihre besonders gefährdeten Stadtteile verlassen. Strom und Warmwasser gibt es fast nicht mehr. Auch Gasleitungen sind abgeschaltet, die Telefonleitungen gestört. Handys sollen nur noch im Notfall benutzt werden, damit die Kanäle für Rettungskräfte frei bleiben. Weitere Kliniken evakuieren ihre Patienten. Auch Dresdens großes Vergnügungs- und Einkaufszentrum „Elbepark" läuft voll. Das Groß-Klärwerk Kaditz wird ein Opfer der Fluten. Der liebevoll sanierte Stadtteil Altkötzschenbroda der Karl-May-Stadt Radebeul steht unter Wasser. Auch die Orte entlang der Sächsischen Weinstraße muss man evakuieren. In Pirna baut die Bundeswehr eine Zeltstadt für 10 000 Hochwasseropfer auf. Meißen öffnet selbst Dom und Albrechtsburg als Notquartiere.

Im brandenburgischen Mühlberg weigern sich 300 von 5000 Einwohnern, die Wohnungen zu verlassen. Bei Torgau beginnen Evakuierungen in den Orten Beilrode, Falkenberg und Döbrichau.

Sonnabend acht Uhr steht die Flut

Seit Mitternacht fließt die Elbe als reißender Strom in ihrem uralten Bett durch die Dresdner Stadtteile Laubegast und Zschachwitz. 8 Uhr erreicht sie bei 9,40 Meter ihren Scheitelpunkt, steigt nicht mehr. Nach dem Bruch einer Eisenbahnbrücke bei Riesa wird der Zugverkehr nach Leipzig eingestellt. Kurz vor 17 Uhr muss die Polizei eine Fähre in Pillnitz sprengen. Die etwa zehn Meter lange „Schandau" von der Oberelbischen Ver-

Die Grüfte auf dem historischen Friedhof in Dresden-Loschwitz stehen unter Wasser.

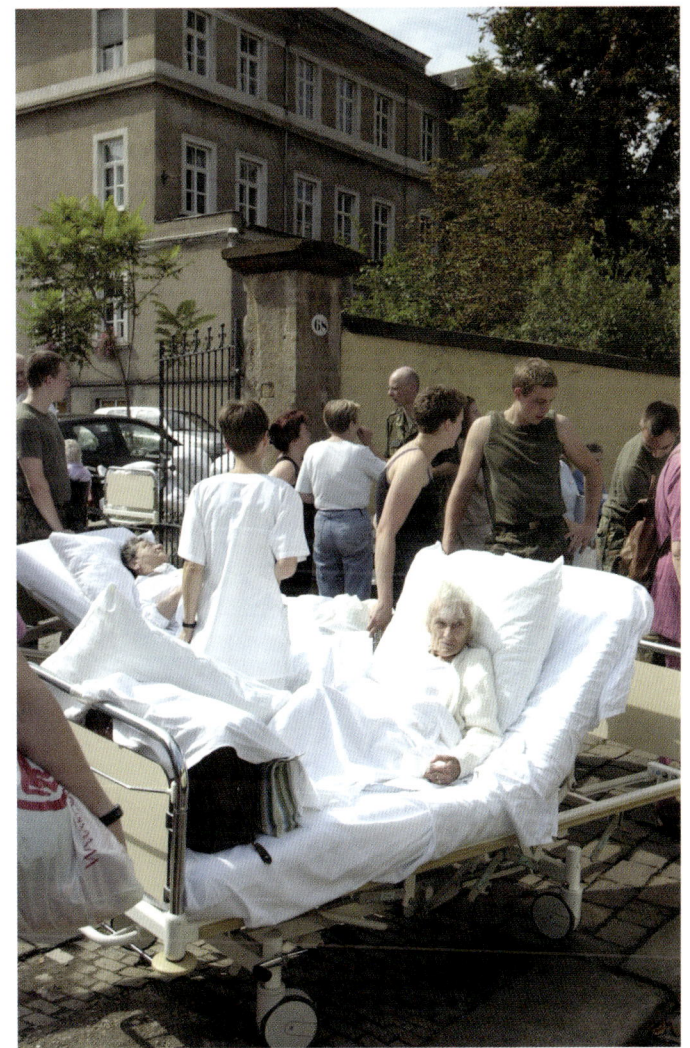

*Im Diakonissen-
krankenhaus
werden die Patienten
evakuiert.*

kehrsgesellschaft hat sich in Pirna losgerissen, treibt auf Dresdens Brücken zu. Um eine Notversorgung mit Lebensmitteln zu sichern, hebt Sachsens Wirtschaftsministerium das Ladenschlussgesetz auf. In Mühlberg tritt die Elbe über die zehn Meter hohe Deichkrone. In Bitterfeld brechen die Dämme, wird die Hälfte der Innenstadt überschwemmt.

Sonntag droht Grundwassergefahr

Der Dresdner Elbpegel sinkt bis 21 Uhr unter 8,21 Meter. Noch verdeckt hohes Wasser den Schlamm, die schrecklichen Verwüstungen und Zerstörungen. Doch eine ganz neue Gefahr wird deutlich. Steigendes Grundwasser bedroht die Standfestigkeit der Gebäude. Es drückt von unten gegen Fundamente und Grundplatten. Geflutete Keller sollen deshalb nur langsam geleert werden. Aus Prag trifft die alarmierende Nachricht ein, dass voreiliges Auspumpen der Keller bei drei Wohnhäusern zum Einsturz führte. In Torgau-Oschatz werden 20 000 Menschen in Sicherheit gebracht. Bei Dessau bricht ein Damm.

Pirna fast wie Venedig

650 Hektar der Stadt mit rund 1000 Gebäuden komplett überflutet, 12 500 Einwohner evakuiert, 450 Gewerbetreibende beiderseits der Elbe teilweise in ihrer Existenz bedroht. Wer Pirna während der Jahrtausendflut sieht, ist den Tränen nahe. Der kann nicht glauben, dass 40 000 Einwohner in wenigen Wochen die schlimmsten Wunden so schnell heilen, die uralte Stadt mit ihren idyllischen Gassen, den wunderschönen Bürgerhäusern und dem Renaissance-Rathaus von 1556 unverzüglich wieder für Touristen öffnen werden.

Erst auf den zweiten Blick erkennt der aufmerksame Betrachter heute noch Spuren der sächsischen Sintflut. Doch den Bürgern von Pirna haben sich Erinnerungen an diese Naturkatastrophe im August 2002 für immer ins Gedächtnis gegraben.

Montagabend die Flut der Gottleuba. Der Gebirgsfluss reißt Straßen auf, setzt Keller und Geschäfte unter Wasser. Die ersten Läden sind schon wieder sauber, da wälzt sich Mittwochabend die Elbe durch die Stadt. Schnell stehen ganze Viertel unter Wasser. Wer sich in der Nacht nicht evakuieren lässt, ist Donnerstagmorgen ohne Strom in der Wohnung gefangen. Eingeschlossen inmitten einer Geisterstadt im trüben Wasser. In deren Straßen bis zu zwei Meter hoch Wasser steht, in deren Häusern weder Kühlschrank, Fernseher noch Toilettenspülung funktionieren.

Ein unwirkliches, beinahe gespenstisches Bild bietet sich Donnerstagmorgen und an den folgenden Tagen. Blauer Himmel über Pirna. Aber

Pirna ist in diesen Tagen eine Geisterstadt im Wasser.

Diese Pirnaer Familie ist eingeschlossen und wartet auf Hilfe.

kein Mensch zu sehen. Der Bahnhof einsam inmitten brauner Fluten. Ebenso Post, Kino, Sparkasse, Bäcker, Fleischer. Überall geschlossene Fenster, versunkene Autos. An Laternen und Verkehrsschildern sammelt sich Treibgut: Äste, Gras, Müll. Manchmal ein Blubbern: in der Tiefe berstende Wasser- und Gasleitungen. Schaufenster, in denen die Elbe wie in riesigen Aquarien steht. Nur Goldfische fehlen. Dafür schwimmen bei „Buch & Kunst" in Folie eingeschweißte Bücher.

Von den Häusern ragen gerade noch Erdgeschoss-Fenster aus dem Wasser. Gut zu erkennen sind die Reklametafeln von Photo Porst, einer Kaffeerösterei, von Friseur und Waffengeschäft. Ab und zu begegnen einem doch noch Menschen in der Geisterstadt. Ein Ehepaar mit zwei kleinen Kindern. Auf der Luftmatratze retten sie etwas Hausrat und den Vogelkäfig. Etwas weiter schiebt ein junger Bundeswehrsoldat in völlig durchnässter Uniform Wache. Nachdem Plünderer „Schlecker" und einen Juwelier heimsuchten, soll er weitere Übergriffe verhindern.

Doch ganz andere Gefahren lauern hier noch in Hochwasser-Tagen: Die Straßen haben gefährliche Löcher. Gullydeckel sind verschoben, der Boden ist nicht zu sehen. Ein falscher Tritt und man versinkt in diesen nach Diesel und Heizöl stinkenden Kanälen, die einmal Straßen waren. Überall Wasser! Ein Hauch von Venedig liegt über dem leidgeprüften Pirna. Doch schnell wird man in die Wirklichkeit zurückgeholt. Denn statt Gondeln treiben hier Gemüsekisten, Schränke, Balken ...

Alte Hochwassermarke in Pirna. Im August 2002 stand die Elbe noch höher.

*Aus Pirnas Straßen
werden Kanäle.*

Eine vom Wasser eingeschlossene Familie flieht mit Kindern und Freunden aus dem überfluteten Pirna.

Das geteilte Dresden

Europas barocke Perle, das Florenz des Nordens – die Stadt schreit aus gurgelnden Wasserstrudeln um Hilfe. Dresden, unser schönes Dresden, erlebt im August 2002 einige der wohl schlimmsten Tage seiner 800-jährigen Geschichte. Und die 470 000 Bewohner leiden schrecklich. Zehntausende Bürger eilen mit Ruck- und Schlafsack zu Notquartieren. Zehn Stadtteile sind überschwemmt. Im trüben Schlammwasser gefluteter Straßen treiben tote Hunde und Katzen.

Hermetisch abgeriegelt ist Sachsens Metropole. An Zufahrtsstraßen und Autobahnen patrouilliert Polizei, untersagt Touristen und Durchgangsverkehr, die City zu befahren. Nach dem Schienen- und dem Fernverkehr kommt auch der öffentliche Nahverkehr zum Erliegen.

Marien- und Augustusbrücke dicht

Die Dresdner sind unheimlich duldsam und leidensfähig, tragen gefasst die schwere Last der Fluten. Sie nehmen kilometerlange Umwege in Kauf, um gesperrte Straßen und geflutete Stadtteile zu umfahren. Aber eines trifft sie besonders hart. Dass man auch noch die Lebensadern, die Dresdner Brücken, sperren muss. Über Tage ist die geschundene Stadt geteilt. Seit 15. August sind die 433 Meter lange Marienbrücke mit ihren 13 Pfeilern und die 328 Meter lange Augustusbrücke (9 Bögen) zur Altstadt gesperrt. Mit Feldstechern werden sie auf Risse und Verwerfungen kontrolliert. Die Rampen der Augustusbrücke stehen längst unter Wasser. Auf den restlichen Flussquerungen und den Hauptstraßen der Stadt herrscht Megastau. Wer von einer Elbseite zur anderen möchte, braucht per Auto nicht selten 90 Minuten.

Angst um das „Blaue Wunder"

Freitag, kurz vor 11 Uhr, wird das berühmte „Blaue Wunder" zwischen Loschwitz und Blasewitz geschlossen – auch für Fußgänger, Radfahrer und Rettungsfahrzeuge ist kein Durchkommen möglich. Das Wasser der Elbe hat sich bedrohlich dem oberen Ende der Brückenpfeiler genähert. Gefahr droht durch sperriges Treibgut aus Tschechien. Alles bangt: Hält der Brücken-Methusalem? Die 1891 bis 1893 errichtete Brücke, die man nach den Erfahrungen des niedrigeren Hochwassers von 1845 gebaut hatte, zeigt erstmals Schwäche. Ihre materialaufwendige Konstruktion von 260 Meter Länge gilt als erste stählerne Hängebrücke des Kontinents, steht unter Denkmalschutz. Brückenmeister Peter Schmidtchen lässt bereits an der Ostseite die steinernen Landpfeiler fluten. Dicke Schläuche pumpen Elbwasser in die zwei je zehn Meter tiefen und 14 Meter breiten Brückenkammern, damit der enorme Außendruck auf die hohlen Pfeiler ausgeglichen wird. Wer auf der anderen Seite des Flusses wohnt, muss sich zu den zwei noch geöffneten Brücken im Stadtzentrum durchschlagen.

Die Bögen der Augustusbrücke sind kaum noch zu sehen.

Am Terrassenufer steht die Elbe meterhoch.

Letzte Schlupflöcher dicht

Doch am späten Nachmittag dürfen Autos selbst die 316 Meter lange Albert- und 375 Meter lange Carolabrücke nicht mehr passieren. Blaues Wunder, Augustusbrücke, Marienbrücke und die mit einer 115 Meter weit gespannten Stromöffnung versehene Flügelwegbrücke sind sowieso schon gesperrt. Entlang der Elbe bietet die Dresdner Autobahnbrücke (500 Meter lang) bis Samstag die überhaupt einzige Möglichkeit, den Fluss zu queren.

Erstmalige Flutung der Brückenkammer am Blauen Wunder. Damit wurde der Druck auf die Pfeiler reduziert.

Fast hebt die Elbe das Blaue Wunder aus den Verankerungen.

Ein Sandsack-Wall kann die Flutung der Münzgasse in der Dresdner Altstadt nicht verhindern.

Kampf um Semperoper, Zwinger und Schloss Pillnitz

„Schwanensee" steht Samstag, den 17. August, auf dem Spielplan der weltberühmten Dresdner Semperoper. Die Vorstellung – wie immer fast ausverkauft. Doch der mit 285 Lampen bestückte Kronleuchter im Saal bleibt an diesem Abend dunkel, die 1300 Plätze leer. Wo Opernbesucher sonst in festlichen Roben defilieren, schlängeln sich armstarke Schläuche über die Teppiche. Gottfried Sempers prachtvoller Musentempel ist von Wasser eingeschlossen und bis in den letzten Winkel der neun Meter tiefen Keller geflutet.

Statt Tschaikowskis Musik dröhnen Pumpen, holen jede Minute 25 000 Liter Wasser heraus. Über 50 Rettungskräfte von Feuerwehren und Technischen Hilfswerken helfen, die Oper zu retten. Im Inferno des 13. Februar 1945 zerstört, 1985 neu eröffnet: Noch einmal soll sie nicht sterben.

„Die Situation", erläutert der Technische Direktor Volker Butzmann, „ist sehr kritisch. Erst brach die Weißeritz ein. Dann flutete uns die Elbe."

In den Kellergeschossen zerstört Wasser alle elektrischen Einrichtungen: die Starkstrom-, Niederstrom- und Notstromanlagen, die komplette Steuerung der Untermaschinerie, die Telefon-, Klima- und Brandmeldeanlage. Dazu ein Restaurant nebst Küchen.

Rheingold-Noten geborgen

Auch die Probebühne, das Fahrerlager mit Bussen und Pkws, die angrenzenden Werkstätten sind verloren. Butzmann: „Kostüm-, Stoff- und Schuhlager, Malsaal sowie die riesigen Prospekt-Leinwände für zwölf Inszenierungen – alles vernichtet." Gerettet werden können Teile der Notenbibliothek, u. a. Partituren von „Rheingold", ebenso eine Harfe, zwei Cellos, zwei Bässe. Ein Kesselwart holt unter Lebensgefahr Pauken aus dem Wasser. Glück im Unglück: Die Staatskapelle gastiert zur Zeit der Katastrophe in Salzburg. Auch sind Orchestergraben und Zuschauerraum nicht betroffen. Dennoch: 4,3 Mio. Euro Schaden allein an Technik und Requisiten. Dazu kommen Einbußen im Ticketverkauf von rund 8,3 Mio. Euro bis Ende des Jahres 2002.

4000 Gemälde sicher

Die Verluste durch ausbleibende Museumsbesucher bewegen zu diesem Zeitpunkt wohl noch niemanden im Dresdner Zwinger, der ebenfalls voll Wasser steht. Hier bangt Generaldirektor Dr. Martin Roth von den Staatlichen Kunstsammlungen, ob wirklich alle Kunstschätze die Katastrophe ohne große Schäden überstehen. Der Zwinger – das 1709 bis 1732 entstandene, berühmteste Bauwerk der Elbestadt – beherbergt neben Mathematisch-Physikalischem Salon, Rüstkammer und der wegen Renovierung gerade geschlossenen Porzellansammlung auch die Gemäldegalerie Alte Meister mit ihrer weltweit einzigartigen Sammlung.

Der Dresdner Theaterplatz gleicht einem See. Dahinter der Semper-Bau mit der Galerie Alte Meister.

Rettungsboote vor dem Kronentor des Dresdner Zwingers

Hier erweist sich das 1992 mit modernster Technik neu erbaute, unterirdische Hochsicherheitsdepot des Semperbaus als nicht wirklich tauglich für ein Jahrtausendhochwasser. In einer dramatischen Rettungsaktion bergen Mitarbeiter und Helfer rund 4000 Gemälde der Galerien Alte und Neue Meister aus der Tiefe.

Heilige Drei Könige überleben

Weil der Strom ausgefallen ist, müssen die schweren Gemälde bei Kerzenschein über enge Treppen in die oberen Stockwerke gebracht werden. Unter Meisterwerken Rembrandts und Rubens' oder vor Raffaels „Sixtinischer Madonna" stapeln sich die kostbaren Leinwände des sächsischen Staatsschatzes. Sechs Riesenformate – fünf italienische Barockgemälde und ein opulentes Werk von Hans Grundig – passen nicht ins Treppenhaus. Da der gepanzerte Gemäldeaufzug mangels Strom nicht einsetzbar ist, hängt man sie waagerecht an die Depotdecke. So überstehen beispielsweise auch „Die Heiligen Drei Könige vor Herodes" (2,49 mal 4,64 Meter groß) von Sebastiano Conca (1679–1764) aus dem Jahre 1725 die Sintflut. Kritisch wird es für sie nur einmal: als in der Nacht zum Sonnabend die Feuerwehr die Weisung erhält, den „Zwinger aufzugeben". Pumpen werden abgezogen, der Notstrom gekappt. Eilig beschaffte Technik einer Privatfirma kann die schlimmste Not lindern. Lediglich 25 zusammengerollte Großformate und 50 Rahmen weisen am Ende der Evakuierungs-Aktion Feuchtigkeitsschäden auf.

Antiken bei Kerzenschein gerettet

Ein Wettlauf mit der Zeit beginnt. Hunderte von Helfern, darunter Offiziersschüler der Bundeswehr, bergen 11 000 Plastiken aus den Katakomben des Albertinums an der Brühlschen Terrasse. Ihre Kräfte sind am Ende. Doch weder Hunger noch Müdigkeit lassen sie aufgeben. Bei Kerzenschein schleppen sie zentnerschwere Barockstatuen, antike Kleinplastiken und historische Gipsabgüsse über verwinkelte Treppen in die trockene Antikenhalle. Das im gleichen Gebäude untergebrachte „Grüne Gewölbe" bleibt von aller Wassernot verschont.

Königssärge schwimmen

Nicht so gut geht es den 49 Särgen der Wettiner in der 1751 geweihten Katholischen Hofkirche. Erst verschlucken wilde Wassermassen wenige Meter von der Gruft entfernt den Dienstwagen des katholischen Bischofs Joachim Reinelt in der Tiefgarage. Dann ergießen sie sich durch Kanalisationsrohre und unterirdische Heizkanäle in die Grablege des sächsischen Königshauses. Die braunen Fluten umtosen uralte Zinn- und tonnenschwere Bronzesärge, die Ruhestätte für Sachsens letzten König Friedrich August III. und die Herzkapsel Augusts des Starken. Das übermannshohe Wasser verschiebt und verkeilt die Särge, drückt sie gegen einen Altar. Der enorme Druck sprengt sogar Sargdeckel in der Krypta, legt Gebeine berühmter Vertreter des uralten Geschlechts frei.

In einer verzweifelten Rettungsaktion werden 4000 Gemälde aus den überfluteten Hochsicherheitsdepots geborgen.

*Die wässrige Idylle vor der Semperoper trügt. Der weltberühmte Musentempel
hat enorme Schäden.*

Taschenbergpalais läuft voll

Verheerungen selbst im Kempinski Hotel Taschenbergpalais. Wie alle Keller und Tiefgaragen der Dresdner Innenstadt laufen auch die im früheren Barockpalast Augusts des Starken voll. Diesen hatte der Sachsenherrscher, der den polnischen Königsthron bestieg, 1707 bis 1711 neben dem Residenzschloss für seine Mätresse Gräfin Cosel errichten lassen. Hier empfing sie Fürsten, Diplomaten, Gesandte. Nachdem die Cosel in Ungnade gefallen war, diente das Anwesen 200 Jahre lang wettinischen Thronfolgern, Prinzen und Prinzessinnen als Residenz. Am 31. März 1995 öffnete das 1945 zerstörte Palais als Fünf-Sterne-Hotel.

Lustschloss Pillnitz geflutet

Sachsens Kurfürst August der Starke hatte es als Lustschloss für Park- und Wasserfeste konzipiert. Doch beim Anblick der Elbfluten wäre dem starken August sicher die Lust am Feiern vergangen. Wo einst der Hofstaat flanierte, steht das Wasser fast zwei Meter hoch. Der Pegel an der Freitreppe zum Fluss ist verschwunden, die Zehn-Meter-Markierung völlig abgetaucht. An der Löwenkopfbastei reicht dem steinernen Löwen das Wasser bis zum Rachen. Restaurierungs-Werkstätten, Schlossküche, Schlossrestaurant, Alte Wache – alles geflutet. Aber über 2500 Kunstschätze können rechtzeitig in höhere Räume gebracht werden. Schon zehn Tage nach der Katastrophe haben rund 100 Freiwillige 1000 Kubikmeter Müll und Schlamm aus dem Park geräumt.

*Wertvolle Requisiten
der Semperoper
wurden vernichtet.*

Depotbestände der Skulpturensammlung wurden in höheren Räumen gerettet.

Die Schlossanlage von Pillnitz wenige Stunden vor der totalen Überflutung.

Bis zum Wasserpalais von Schloss Pillnitz reicht die Elbe.

Die Porzellanstadt Meißen versinkt

Sturzfluten von Triebisch und Kirchsteigbach halten das 1000-jährige Meißen (28 900 Einwohner) zu Füßen von Dom und Albrechtsburg in Atem. Sie richten in der Wiege Sachsens schlimmste Verwüstungen an, reißen Straßen auf, legen Elektrizitätsleitungen und Fernwärmerohre frei. Wohnungen, Geschäfte, Betriebe, viele Existenzen werden vernichtet. Sonst voll Charme, ist die Wein- und Domstadt, in der seit 1710 Europas erstes Porzellan hergestellt wird, voller Schlamm. Am Mittwoch reicht er auf Kleinmarkt und Neugasse bis zum Knöchel.

Doch es soll noch viel dramatischer kommen. Denn die Elbe steigt und steigt. Längst ist sie über die Ufer getreten. Nur mit leichtem Handgepäck ausgerüstet, fliehen 2000 Meißner aus ihren Wohnungen. Die Einwohner schichten zehntausende Sandsäcke auf, bauen Wälle gegen die Elbe. Zuletzt sperrt man die Elbbrücken. Doch der Fluss lässt sich nicht aufhalten, bahnt sich unbarmherzig den Weg durch Straßen und Gassen, über Plätze, Hausflure und Wohnungen. Im „Goldenen Löwen" steht es bis in Brusthöhe. Bald ist die Meißner Altstadt geflutet, nur noch per Kahn zu erreichen. Kameraden der Deutschen Lebensrettungsgesellschaft fahren Trinkwasser und Medikamente im Schlauchboot aus. Fieberhaft werden Laufstege gebaut. Bangen in Cölln, ob die Elbe auch noch den Bosel-Felsen umfließt. Alle nur verfügbaren Pumpen sind im Dauereinsatz – manchmal halten sie den extremen Belastungen nicht stand. Einwohner und Helfer sind mit den Kräften und Nerven fast am Ende.

Das Elbtal von Kaditz-Mickten Richtung Gohlis, Cossebaude und Meißen.

Vier Tage lang steht das Wasser bis zu drei Meter hoch in der Stadt. Neugasse, Gerbergasse, Fleischergasse, Kleinmarkt, Theaterplatz, Elbstraße, Leipziger Straße und Heinrichsplatz trifft es am ärgsten.

Selbst vom Hochwasser betroffen, brennt die Staatliche Porzellanmanufaktur Meissen sofort eine Erinnerungsmedaille. Deren Erlös kommt den Opfern der Katastrophe zugute.

Leben im Ausnahmezustand

Der Strom ist ausgefallen – schon seit Tagen. Warmes Wasser gibt es auch nicht. Gerade jetzt, wo man überall auf Schlamm stößt. Diese eklige Masse, die klebt, schmiert und stinkt. Getrocknet, ist sie später hart wie Beton oder setzt sich als feiner Staub überall fest. Menschen sitzen bei Teelichtern am Abend zu Hause. Ohne Elektrizität funktioniert kein Fernseher. Glücklich ist, wer einen Vorrat an Batterien fürs Radio hat. Das Telefon ist tot. Eine ungewohnte Ruhe. Doch richtig still ist es auch nicht. Ständig tönen Sirenen von Feuerwehr, Polizei, Technischem Hilfswerk. Sie lassen einen in der Nacht kaum schlafen.

Kein Kühlschrank funktioniert

Der halbe Inhalt der Kühltruhe – ein Fall für die Mülltonne. Der Rest – gegrillt. Was im Kühlschrank war, ist aufgegessen. Soll man das Wasser aus der Leitung trinken oder lieber Sprudel vom Discounter? Die Stadtwerke, so steht es geschrieben, haben den Anteil von Chlor im Leitungswasser erhöht. Angeblich eine reine Vorsichtsmaßnahme.
Steigt das Wasser weiter? Welche Straße wird als nächste evakuiert? Alles dreht sich nur noch um das eine Thema. In Baumärkten sind Tauchpumpen ausverkauft. Wenigstens Plastikfolie oder eine Schaufel lassen sich

noch auftreiben. Doch das Bargeld im Portmonee wird knapp. Die Geldscheinautomaten arbeiten nicht.

Not schweißt zusammen

Zeitungen bringen Neuigkeiten – wenn man noch irgendwo eine entdeckt. Denn viele Geschäfte haben geschlossen. An der Tankstelle ist der Benzinpreis schon wieder gestiegen. Beim Füllen der Sandsäcke kommen sich sonst fremde Nachbarn näher. Plötzlich interessiert sich der eine wieder für den anderen, sorgt sich, bietet Hilfe an. Die Not schweißt zusammen – ein wunderbares Gefühl.

Es ist wie im Krieg

Eine alte Dresdnerin sitzt auf dem Gehweg vor ihrem Haus. Sie hält eine Schelllack-Platte in den zitternden Händen. Das Letzte, was ihr blieb. Tränen laufen über das runzlige Gesicht. Erschüttert fragt sie: „Warum trifft das Schicksal immer uns Dresdner?"
Dann erzählt sie leise: „Das Hochwasser erinnert mich an den Krieg. An das Inferno vom 13./14. Februar 1945. Ich sah Zwinger und Semperoper brennen, die Leichenberge auf dem Altmarkt, die Menschen, die hilflos umherirrten."
Und jetzt die Flut. Wieder sind Semperoper und Zwinger betroffen. Wieder flüchten Menschen. Wieder ist ihr Besitz verloren. „Es ist wie ein

Die übermenschliche Anstrengung der Katastrophentage ist diesem Dresdner ins Gesicht geschrieben.

In der Nacht füllen hunderte Dresdner auf dem Altmarkt Sandsäcke.

Fluch", sagt die dreifache Mutter. „Obwohl ich aus der Kirche ausgetreten bin, habe ich zu Gott gebetet. Gefleht, dass er unser geliebtes Elbflorenz nicht noch einmal untergehen lässt."

Emotionen steigen mit den Pegeln

Der Alltag ertrinkt und mit den Pegeln steigen die Emotionen. Vielerorts liegen die Nerven blank – das erlebt man in diesen Tagen überall. Zum Beispiel bei den Zwangsevakuierungen. Wenn Menschen gegen ihren Willen Haus oder Wohnung verlassen müssen. Oder wenn sie nicht mehr in ihre überschwemmten Wohngebiete zurückgelassen werden. Aufgestaute Wut bekommen auch Politiker wie Dresdens Oberbürgermeister Ingolf Roßberg zu spüren. Die einen fühlen sich unzureichend informiert, die anderen zu spät gewarnt oder zu früh evakuiert. Was viele vergessen: Not kennt kein Gebot. Bei Katastrophen wirken Urgewalten, gegen die der Mensch lächerlich machtlos bleibt.

Schock in Extremsituationen

Seelsorger und Psychologen sind Tag und Nacht in den Hochwassergebieten im Einsatz. Was sie sehen, findet sich in keinem Lehrbuch. Sie erleben Menschen, denen die Existenz von Grund auf zerstört wurde, die unter tiefen Schockzuständen leiden. Manche reagieren wirklichkeitsfern, zeigen völlig irrationales Verhalten. Wie eine Anwohnerin in Laubegast.

Liebevoll pflegt sie noch die Blumen, obwohl alle Beete unter Wasser stehen. In Weesenstein putzen Einwohner mitten im Chaos ihre Schuhe, wischen Staub.

Die schrecklichen Gaffer

Dass Schaulustige von Katastrophen magisch angelockt werden, eine weit verbreitete Sensationslust besteht, sich manche Menschen gar am Leid anderer erbauen, ist bekannt. Dennoch erreicht das Ausmaß der Gaffer an vielen Orten die kritische Marke. Wenn Katastrophen-Touristen mit Sonnenbrille auf der Nase im offenen Cabriolet über wassernasse Straßen düsen. Oder wenn unzählige Leute mit Fotoapparaten auf Flut-Motivsuche die erschöpften Helfer am Sandsackwall behindern.

Stiefelabdrücke im steinhart getrockneten Schlamm.

96

Nach der Flut die Müllberge

Die gigantischen Wassermassen haben sich zurückgezogen und lassen verheerende Schäden erkennen. Das Schlimmste sind Ölschlämme, nach Verwesung riechende Tierkadaver und verdorbene Lebensmittel. Wo die Fluten nicht selbst davonfließen, müssen starke Pumpen ran. Doch bei Millionen Tonnen Dreck in Kellern helfen nur Eimerketten. Erstmals zeigt sich, was einer Überschwemmung trotzen kann. Auf keinen Fall Trocken-bauwände, Wärme-Isolierwatte, Holzbalkendecken, Schüttungen zwischen den Dielen, Laminat-Böden, Parkett und Tapeten. Trocknungs-Geräte für feuchte Wohnungen sind plötzlich rar wie Gold.

Flutopfer, die erstmals wieder in ihre Wohnungen und Häuser dürfen, sind am Boden zerschmettert. Was sie in Jahrzehnten schufen, ist vollständig vernichtet. Schrankwände sacken in sich zusammen, von edlen Möbeln lösen sich die Furniere. Antiquitäten haben jeden Wert verloren. Fernseher und Computer sind unbenutzbar, der Inhalt ganzer Kleiderschränke ist nur noch für den Lumpensack zu gebrauchen. Betten, Sofas, Teppiche und Auslegware stinken modrig. Kühlschränke, Uhren und Waschmaschinen rosten vor sich hin. Bücher, Fotoalben, Zeugnisse, Rentenunterlagen – alles verloren.

Mücken und Ratten

Zehntausende Wohnungseinrichtungen und die Habe aus hunderttausenden Kellern landen auf riesigen Bergen links und rechts der Straßen. Viele Kommunen sind mit dem Müll überfordert. Bundeswehreinheiten müssen anrücken, gegen die Müllberge kämpfen. Fluthelfer sollen sich wegen der Infektionsgefahr gegen Wundstarrkrampf und Hepatitis A impfen lassen.
Ratten werden zur Plage. Dazu kommen 40 Mückenarten und anderes Ungeziefer. Die feuchtwarmen Temperaturen sind für sie ideal, verkürzen den Entwicklungszyklus der stechenden Insekten enorm. In stehenden Tümpeln und Pfützen sind die Plagegeister in ihrem Element. Bis zu 100 Millionen Mücken – so prognostizieren es Tropenmediziner – schlüpfen innerhalb einer Woche pro Hektar.

Kleingedrucktes ganz wichtig

Nach dem ersten Schock über die Schäden kommt die Ernüchterung. Denn kaum einer hat sich gegen Hochwasser versichert. Glücklich ist, wer noch die alte Haushalt- oder Wohngebäudeversicherung aus DDR-Zeiten besitzt. Nur sie enthält Leistungen für Schäden, die durch Hochwasser oder Überschwemmungen entstanden sind. Wer ansonsten als Hochwasseropfer den Schaden ersetzt haben möchte, muss die ergänzende Elementarschadenversicherung abgeschlossen haben. Auch die Soforthilfe für Hochwasseropfer (500 Euro pro Person, maximal 2000 Euro pro

Haushalt) hat ihre kleingedruckten Tücken. Das Haushaltseinkommen darf 40 000 Euro nicht übersteigen und die Schäden dürfen nicht versichert sein.

Nach der Flut bleiben überall gigantische Berge an Müll.

Niemand weiß, welche Gefahren in Schlamm und Strandgut stecken. Darum arbeiten Katastrophenhelfer mit Atemschutz und Gummianzug.

Die größte Hilfsaktion der Nachkriegsgeschichte

Sie waren da, als die Katastrophe kam, und bleiben, bis viele Schäden beseitigt sind: 100 000 Helfer aus ganz Deutschland packen in Sachsen an, helfen, die Not zu lindern. Darunter Bundeswehr, Technisches Hilfswerk, Berufs- und Freiwillige Feuerwehren, Polizeikräfte, Deutsches Rotes Kreuz, Deutsche Lebensrettungsgesellschaft, Johanniter und Malteser – zusammengerechnet 50 000 Frauen und Männer. Die größte Hilfsaktion der Nachkriegsgeschichte. Und tausende Deutsche kommen ganz privat. Junge Leute aus Bayern oder dem Ruhrgebiet nehmen Urlaub, melden sich einfach bei Flutopfern, beräumen Schlamm, hacken feuchten Putz ab. Wildfremde Menschen stehen plötzlich mit Kuchen, Kleidungsstücken, Töpfen, Besteckkästen, einem Motorrad vor der Tür. Sie wollen keinen Dank, sie wollen nur helfen. Ganz uneigennützig. Nie zuvor hat ein Hochwasser so die Menschen aus Ost und West geeint. Nie war die Spendenbereitschaft größer als in diesen Tagen. Sogar das Ausland hilft.

Viele Menschen machen keine großen Worte, überbringen ihre Spenden direkt. Zwei Radebeuler Rentner schenken einem jungen Ehepaar 1000 Euro aus dem Sparstrumpf. Vom Schicksal einer obdachlosen Familie in Pirna-Zuschendorf liest ein Staatsanwalt aus Schwerin und überweist sofort 5000 Euro auf ihr Konto. Ein Bremer Bäckermeister sammelt bei Kunden und Geschäftspartnern, legt noch Geld dazu und fährt mit dem 10 000-Euro-Scheck zu einer Familie nach Weesenstein.

Überall werden Benefizkonzerte veranstaltet, Patenschaften organisiert. Gleich am Wochenende nach der Flutkatastrophe vereint ein ökumenischer Gottesdienst auf dem Dresdner Schlossplatz Helfer und Betroffene. Die Bischöfe beider Glaubensbekenntnisse, der Bundeskanzler, Sachsens Ministerpräsident sowie Star-Mime Rolf Hoppe sprechen 2000 Opfern und Einsatzkräften Mut zu. „Jetzt wächst Deutschland erst recht zusammen", predigt der katholische Bischof Joachim Reinelt.

Menschen in ganz Sachsen hoffen, dass diese wundervolle Hilfe, diese Opferbereitschaft noch lange die Herzen bewegt.

Schwimmpanzer retten Loschwitzer aus ihren Häusern.

Lebensmitteltransporte aus ganz Deutschland sichern die Notversorgung.

*Beim ökumenischen Gottesdienst auf dem Dresdner Schlossplatz gedenken
Bischöfe und Politiker den Opfern, danken 100 000 Helfern.*

Opfer und Schäden in Sachsen – eine erste Bilanz

- **Zwanzig Tote, vier Vermisste.**
- Hochrechnungen beziffern die **Gesamtschäden in Sachsen** auf etwa 16,5 Milliarden Euro: 7,5 Milliarden entstanden bei der öffentlichen Infrastruktur, 5 Milliarden bei Privateigentümern, 4 Milliarden bei der Wirtschaft.
- Schätzungen des Sächsischen Innenministeriums gehen von bis zu **30 000 beschädigten oder zerstörten Wohnhäusern** aus.
- Nach ersten Bestandsaufnahmen der Straßenbauämter wurden in Sachsen **180 Brücken und 740 Kilometer Straßen** zerstört oder beschädigt. In diesen Zahlen ist das Elbtal nicht enthalten.
- Sachsens Wirtschaftsminister Martin Gillo schätzt, dass etwa **10 800 Unternehmen** betroffen, rund **40 000 Arbeitsplätze** im Freistaat gefährdet sind.
- Rund **280 Sozialeinrichtungen** müssen mit den Flutfolgen kämpfen. Gesamtkosten mehr als 90 Mio. Euro. An **110 Kindertagesstätten** entstand ein Schaden von 25 Mio. Euro. Für **54 Krankenhäuser** werden rund 60 Mio. Euro benötigt. Acht Kliniken wurden evakuiert, 3000 Patienten verlegt.
- Nach Angaben der Regionalschulämter weisen **236** der insgesamt 2105 **Schulen** in öffentlicher und freier Trägerschaft Schäden in Höhe

von 30 Mio. Euro auf (83 Grundschulen, 74 Mittelschulen, 42 Gymnasien, 14 Förderschulen, 23 Berufsschulen).

- Von den 140 000 Einwohnern des **Landkreises Sächsische Schweiz** wurden 80 000 vom Hochwasser heimgesucht. 3000 Gebäude sind in ihrer Statik eingeschränkt, mindestens 350 müssen abgerissen werden.
- An **Volkshochschulen** entstanden Schäden in Höhe von 420 000 Euro, besonders schlimm sind sie an den Gebäuden von Grimma und Olbernhau.
- Die **Sparkasse Freital-Pirna** muss mindestens 18 Mio. Euro für den Wiederaufbau der Geschäftsstellen in Bad Schandau, Dohna, Glashütte, Freital und einer Filiale in Pirna aufwenden. Von 44 Servicecentern mussten acht schließen. Ein Sechstel der Geschäftskunden – rund 600 – und 31 000 von 180 000 Privatkunden sind ebenfalls betroffen.
- Nach Recherchen der **Kassenärztlichen Vereinigung Sachsens** wurden 300 Arztpraxen beschädigt, davon **47 total** zerstört.
- Nach einer vorsichtigen Bilanz des Staatsministeriums für Wissenschaft und Kunst entstanden 100 Mio. Euro Schäden an **Kultur-, Wissenschafts- und Forschungseinrichtungen**.
- **2000** der 15 000 **Tennisspieler im Sächsischen Tennis-Verband** wurden heimatlos. Bei vier Dresdner Vereinen, in Döbeln, Grimma und Waldheim trat Totalschaden ein.
- Rund **1800** von den 50 000 **Handwerksbetrieben** sind schwer geschädigt oder gänzlich zerstört.
- Etwa **20 000 Kleingärtner** sind betroffen. 250 der insgesamt 4025 Vereine haben schwerste Schäden, einige Kleingartensiedlungen müssen wahrscheinlich aufgegeben werden.

- Mindestens **300 Mio. Euro Schäden** entstanden an Hochwasser-Schutzanlagen.
- In etwa **30 Buchhandlungen** schwammen Bücher, Ladeneinrichtungen und Depotbestände weg oder wurden durch Wasser und Schlamm unverkäuflich.
- Über ein Drittel der 142 **kommunalen Wohnungsunternehmen** leiden unter den Folgen des Hochwassers.
- Mehr als eine Milliarde Euro Infrastrukturschäden, so Bahnchef Hartmut Mehdorn, werden bei der **Deutschen Bahn** erwartet. **200 Bahnhöfe und Haltepunkte** wurden in Mitleidenschaft gezogen, 130 Kilometer Bahndämme und 94 Brücken beschädigt. In Sachsen allein beträgt der Teil- oder Totalverlust 700 Kilometer Gleise.
- **Deutschlands Landwirtschaft** erlitt nach ersten Bestandsaufnahmen des Bundes-Agrarministeriums Schäden von mindestens 267 Mio. Euro. Auf 100 000 Hektar Getreideflächen (entspricht 1,5 Prozent) gab es Totalausfall.
- Der **Versicherungskonzern Allianz** muss wohl über 800 Millionen Euro an Versicherte auszahlen.

Große Fluten der letzten 1200 Jahre

(nach alten Chroniken und Überlieferungen)

782 Nachdem Wenden und Hunnen Magdeburg zerstörten, hat sich die **Elbe** „so furchtbar und grausam" ergossen und „alles weg gewaschen und niedergeworfen, was jene verschont gelassen".

962 Einem acht Tage lang anhaltendem Schneefall folgte am 11. November plötzliches Tauwetter. Danach kam eine furchtbare Flut in allen **Bächen und Flüssen**, sodass die **Elbe** bis zur Nordsee hinunter entsetzlichen Schaden anrichtete.

1008 **Elbe, Unstrut** und **Saale** verursachten eine Überschwemmung (vielleicht auch 1009), welche sieben Tage anhielt. Das Sterben war so groß, dass nicht genug Menschen angestellt werden konnten, die Toten zu begraben.

1015 Den 13. September stand ganz **Alt-Dresden** (heutige Neustadt) unter Wasser. Der polnische Herzog Miseco musste wegen dieser Überflutung die Belagerung Meißens aufgeben.

1059 Bauten sich viele Familien eigene Schiffe, denn anhaltende Regengüsse nahmen so großen Umfang an, dass man glaubte, Gott wolle die Welt durch eine neue Sintflut bestrafen.

1118 Richteten die **Elbe** und deren **Nebenflüsse** in Sachsen große Verheerungen an. Kirchen und Häuser wurden fortgeschwemmt.

1162 Unter Donner und Blitz trat am 16. Februar ein schnelles Tauwetter ein, sorgte für große Überschwemmungen in Sachsen.

1196 Tobten heftige Stürme, gab es überall große Wassernot. **Ganze Dörfer** wurden überflutet, viele mächtige Bäume entwurzelt. Menschen und Tiere gingen in großer Zahl zu Grunde.

1272 Am 22. April ergossen sich die **Moldau** und die **Elbe** über große Flächen.

1318 Geriet bei großem Hochwasser und starkem Eisgang die große **Brücke in Dresden** in Gefahr. Die steinernen Pfeiler widerstanden, doch die hölzernen Joche wurden weggeschwemmt. In den nächsten Jahren bekam die Brücke deshalb steinerne Wölbungen.

1342 Am 2. und 3. Februar sorgte Tauwetter nach großem Schneefall für schreckliche Überschwemmungen im ganzen Lande. Kinder in Wiegen sowie Männer und Frauen auf Dächern sah man rettungslos forttreiben. (Nach anderen Chronisten war diese Flut 1343).

1413 Anfang August brachten die **Triebisch** und die **Elbe** großes Unheil über **Meißen**. Der obere Teil der Elbbrücke wurde fortgerissen. Die **Röder** zertrümmerte bei **Hayn** (Großenhain) die Brücke.

1430 Schwollen **Elbe, Saale, Mulde** und viele **andere Wasserläufe** in Sachsen gefahrdrohend an.

1432 Den 22. Juli stieg in **Pirna** das Wasser bis an das Oberteil des Elbtores. Die **Triebisch** zermalmte in **Meißen** Teile der Stadtmauer. Fünf Tage dauerte diese Überschwemmung. In **Görlitz** riss die **Neiße** Brücken, Mühlen, Häuser wie auch das Hospital und die Kirche zum Heiligen Geist weg. Die **Mulde** zerstörte in **Grimma** die

Brücke. Die **Saale** stieg in Halle über die Stadtmauer. In **Thüringen** gingen **40 Dörfer** mit Menschen und Vieh im Wasser unter.

1433 Vernichtete die **Mulde** in **Grimma** alle Mühlen.

1445 Gab es oberhalb Dresdens einen starken Wolkenbruch. Der **Kaitzbach** wurde so groß, dass er in **Mockritz, Leubnitz** und **Strehlen** (heute alle zu Dresden gehörend) die Häuser zum Zerfall brachte. In Dresden verursachte der reißende Kaitzbach bei der alten Dammmühle einen Dammbruch. Auch die **Weißeritz** stieg gewaltig, unterhalb des Dorfes **Plauen** (heute Dresden) sogar bis an den Hahneberg.

1471 Am 24. August brachten die **Triebisch** und die sonst ganz unbedeutende **Meise** solche Wassermassen, dass sie in **Meißen** die Steine der Wolfgangkirche fortrissen. Vier Arbeiter fanden dabei den Tod.

1491 Große Überflutung **aller Gewässer** in Sachsen. In **Lungwitz** und **Zwickau** ertranken in der **Mulde** allein 44 Menschen.

1498 Verursachte die **Weißeritz** sehr großen Schaden.

1501 Vom 16. bis 18. August stieg das Wasser der Elbe enorm an. In **Meißen** stand es 12 Ellen 10 Zoll über dem mittleren Stand, in **Pirna** stieg es in der Klosterkirche bis zur Kanzel.

1506 Infolge eines Wolkenbruchs brachte die **Triebisch** am 7. August solche Fluten, dass viele Häuser und Scheunen weggeschwemmt, fünf klafterstarke Bäume entwurzelt und gegen die Stadtmauer in **Meißen** getrieben wurden.

1530 Große Hochwasser der **Weißeritz** und **anderer Gebirgsflüsse** in Sachsen.

1533 sowie am 21. Juli 1560 und im Jahre 1569 gab es große Überschwemmungen an **Seidewitz**, **Gottleuba** und **Elbe**.

1539 Riss die **Mulde** in **Penig** die Brücke weg, wobei ein Hauptmann ums Leben kam.

1573 Mühlen wurden entzweigebrochen, Menschen ertranken, als am 13. August die **kleinen Bäche** und **Flüsse** in der Gegend von **Pirna** großen Schaden anrichteten. Der Kirchhof in Pirna wurde ruiniert, Gräber zerrissen, Leichen ausgewaschen. **Zwickau, Schneeberg, Penig, Frankenberg, Rochlitz, Colditz, Grimma, Pegau** litten schwer durch Wasser von **Mulde** und **Zschopau**. Verheerungen der Flut auch in **Sebnitz**.

1595 Groß war der Verlust an Feldern, Gärten und Gebäuden, an Menschen und Vieh. Am 17. August stieg die **Neiße** in **Görlitz** neun Ellen über ihren mittleren Stand. In **Zittau** zog man 31 Leichen aus dem Wasser, wurde ein Teil der Stadtmauer zertrümmert.

1598 Durch Überflutung des Mühlgrabens setzte am 13. August die **Weißeritz** die Wilsdruffer Vorstadt in Dresden unter Wasser.

1629 Am 6. August riss die **Kirnitzsch** alle Mahlmühlen und Brettschneiden, mit Ausnahme der in Mittelndorf, weg. Die drei Hauptschützen in **Schandau** wurden ebenfalls zerstört.

1651 Großes Tauwetter am 3. Januar. Die **Elbe** wie **alle** kleinen **Nebenflüsse** brachten die bis dahin schlimmste Überschwemmung seit Menschengedenken. Hochfluten der **Weißeritz** überschwemmten das weite Terrain vor dem Wilsdruffer Tore zu Dresden.

1666 Den 15. und 16. Juni gingen in der Oberlausitz starke Gewitter und Wolkenbrüche nieder. **Spree, Neiße** und **Queis** überfluteten **Hen-**

nersdorf, **Warnsdorf, Hermsdorf, Taubenheim, Ottendorf, Zittau** und **Görlitz**. Häuser versanken, viele Bewohner kamen ums Leben.

1714 Das Wasser zerstörte in **Sebnitz** die Brücke, riss 16 Häuser und 11 Scheunen weg. 15 Personen ertranken. **Schandau** litt durch den **Kirnitzschbach**.

1771 **Alle Flussläufe** Sachsens und selbst die **kleinsten Rieselbäche** ohne Namen brachten Vernichtung. Ländereien wurden völlig weggeschwemmt. **Zwickau** stand wochenlang durch die **Mulde** im Hochwasser. Beerdigungen auf dem Friedhof waren unmöglich.

1784 Diese Überschwemmung wurde lange Zeit als die furchtbarste aller Hochfluten bezeichnet. Sie erstreckte sich über ganz Böhmen, Sachsen und elbabwärts. In Sachsen wütete die Flut zwischen dem 24. und 28. Februar. Die **Elbe** stieg in **Dresden** auf 12 Ellen 10 Zoll hoch. Die **Flöha, Zschopau, Chemnitz, Schwarzwasser**, die beiden **Mulden**, die **Pleiße**, die beiden **Elstern, Saale, Weyda, Röder, Weßnitz, Pulsnitz, Neiße** und die **Spree** richteten überall grauenhafte Verwüstungen an.

1804 Vom 12. bis 14. Juni großes Hochwasser in **allen Flüssen**.

1824 Am 25. Juni verursachte die **Gottleuba** nach mehrtägigem Regen und durch einen in Böhmen niedergegangenen Wolkenbruch große Überschwemmungen. In **Pirna** war die Breitestraße an vielen Stellen ellentief von der Strömung aufgerissen. Auch die **Elbe** stieg rapide, erreichte am 29. Juni den höchsten Stand.

1845 Brachte die **Elbe** am 30. und 31. März die **größte Hochflut des**

19. Jahrhunderts. Selbst der Kruzifixpfeiler der Dresdner Brücke stürzte ein.

1854 Ende Juni, Anfang Juli fiel überall starker, lang anhaltender Regen. Der **Uttewalder Grund** in der Sächsischen Schweiz wurde ganz furchtbar verwüstet. **Triebisch, Zehren-** und **Ketzerbach** rissen Brücken, Mühlen, Wehre, Menschen und Tiere mit sich fort. Die **Weißeritz** und die beiden **Mulden** brachten gefahrdrohende Wassermassen.

1858 Vom 29. bis 31. Juli litten die Städte **Glauchau, Penig, Grimma, Bautzen** und **Zittau** unter Hochfluten. Viele Orte erbaten in höchster Not militärische Hilfe. In **Glauchau** glich die Unterstadt einem wogenden Strome. Häuser versanken, Menschen ertranken in der **Mulde**. Zu **Penig** ging die Flut über die Brücke und in Altpenig wurden mehr als 40 Häuser ruiniert, 205 Familien obdachlos. Die **Mandau** und die **Neiße** richteten in der Oberlausitz schreckliche Verwüstungen an, vor allem in **Seifhennersdorf, Großschönau, Heinewald, Oderwitz, Zittau, Hirschfelde** und **Wittgendorf**.

1880 Hochfluten in den Flussgebieten der **Mandau**, von **Neiße** und **Kemlitzbach** in der Oberlausitz am 14. Juni. Die Straßen nach Görlitz und Türchau wurden unbefahrbar, ganze Dörfer überströmt, Häuser und Menschen in großer Zahl vernichtet.

1887 Mitte Mai suchten Fluten der **Mandau** und **Neiße** die Oberlausitz heim. Vom 28. zum 29. Mai richteten in einer Gewitternacht **Triebisch, Meisa**, das **Rauhenthal-** und **Goldgrundbächlein** bei und in **Meißen** ein schlimmes Zerstörungswerk an.

1890 Große Hochflut der **Elbe** am 6. September. In Dresden standen viele Straßen ellenhoch unter Wasser, sodass in tiefer gelegenen Stadtteilen wie der Friedrichstadt der Verkehr nur mit Kähnen erfolgen konnte.

1897 Am 29. und 30. Juli erreichten Wolkenbrüche zwischen Elbe und Oder ihren Höhepunkt. Die **Gottleuba** überschwemmte auf drei Kilometer Länge zwischen **Berggießhübel** und **Pirna** die Bahngleise. Unter Wasser stand die Müglitztalbahn von **Niederschlottwitz** bis **Geising**. Im Rabenauer Grund zerstörte die **Weißeritz** die Eisenbahnstrecke nach **Dippoldiswalde**. Große Überschwemmungen auch in **Chemnitz, Zwickau, Zschopau, Döbeln, Grimma**, in der **Lausitz**. Die **Neiße** riss mehr als zehn Eisenbahnbrücken hinweg. Am 2. August passierte der Hochwasserscheitel der **Elbe** mit 708 Zentimeter Pegel die Residenz **Dresden**. In 152 Gemeinden Sachsens musste die Feuerwehr mit 6004 Mann eingreifen. In 36 Orten halfen 137 Offiziere sowie 7828 Unteroffiziere und Soldaten des Königlich Sächsischen Militärs beim Rettungswerk.

1927 152 Menschenleben forderte die Unwetterkatastrophe vom 8. und 9. Juli. Innerhalb weniger Stunden fielen mehr als 200 Liter Niederschlag pro Quadratmeter. Die Platzregen verwandelten die Flüsse **Gottleuba** und **Müglitz** zu reißenden Strömen. Ihre Fluten demolierten **Glashütte, Gottleuba** und **Berggießhübel**. 270 Brücken, 20 Kilometer Eisenbahnstrecke sowie 188 Gebäude wurden teilweise schwer beschädigt. Schaden: 70 Millionen Reichsmark!

1957 Gewitter über dem Nordrand des Erzgebirges entluden von Mittag bis Abend des 22. Juli gigantische Regenmengen. Die **Bahra**

wälzte sich durch **Markersbach**, grub sich mitten durch den Friedhof ein neues Bett. Zusammen mit den Fluten der **Gottleuba** ergoss sie sich über ganz **Pirna**. Schäden von rund 100 Millionen DDR-Mark. Ein Jahr später verrichtete der Gewitterregen vom 5./6. Juli 1958 im Gottleubatal ein erneutes Zerstörungswerk. Die Reparaturen kosteten etwa 50 Millionen DDR-Mark.

2002 Die im vorliegenden Büchlein beschriebene Sintflut, die ab dem 12. August 2002 **Sachsen, Sachsen-Anhalt und Brandenburg** die Katastrophe brachte, stellt alle bisherigen Hochwasserereignisse in den Schatten.

Quellen

Czaya, Eberhard: Die Elbe. – DuMont, Köln 1995

Die große Wassersnot in Sachsen 1897. – Sächsischer Volksschriftenverlag, Leipzig 1897. Nachdruck Husum Druck- und Verlagsgesellschaft, Husum 2002.

Fügner, Dieter: Hochwasser-Katastrophen in Sachsen. – Tauchaer Verlag, Taucha 1995

Helfricht, Jürgen: Wahre Geschichten um Sachsens schönstes Tal. – Tauchaer Verlag, Taucha 2000

Pötzsch, C. G.: Chronologische Geschichte der großen Wasserfluthen des Elbstroms seit tausend und mehr Jahren. – Waltherische Hofbuchhandlung, Dresden 1784

Pressemitteilungen der Katastrophenstäbe und Sächsischen Staatsministerien

Tageszeitungen vom 12. August bis 7. September 2002: BILD Dresden, Dresdner Morgenpost, Dresdner Neueste Nachrichten, Freie Presse, Leipziger Volkszeitung, Sächsische Zeitung

Thiel, Hans-Christoph: Die Weißeritztalbahn. – Kenning, Nordhorn 1994

Inhaltsverzeichnis

Vorwort 5

Das Müglitztal-Drama vom 12. August 9

Milliarden-Schäden entlang Roter und Wilder Weißeritz 24

Alarm an Zschopau, Flöha und den Mulden 35

Sieben Schicksalstage der Elbe 47

Pirna fast wie Venedig 59

Das geteilte Dresden 66

Kampf um Semperoper, Zwinger und Schloss Pillnitz 74

Die Porzellanstadt Meißen versinkt 87

Leben im Ausnahmezustand 90

Nach der Flut die Müllberge 97

Die größte Hilfsaktion der Nachkriegsgeschichte 102

Opfer und Schäden in Sachsen – eine erste Bilanz 107

Große Fluten der letzten 1200 Jahre 110

Quellen 118

Reprint zum Thema

Die große Wassersnot in Sachsen 1897
Nach Berichten von Augenzeugen geschildert.
Mit 56 Illustrationen

Reprint der Ausgabe von 1897
394 + IV Seiten, broschiert
(ISBN 3-89876-071-5)

Aus dem Inhalt:

- Biela und Krippenbach. Die Gottleuba. Müglitz und Lockwitz. Die Weißeritz. Die Triebisch. Die von rechts kommenden Nebenflüsse der Elbe. Die Freiberger Mulde. Die beiden Striegis. Zschopau mit Flöha. Die Zwickauer Mulde. Die Neiße mit der Mandau. Spree und Löbauer Wasser
- Die Witterungsvorgänge am 29./31. Juli 1897 im Gebiet des Königreichs Sachsen
- Die Flüsse des Königreichs Sachsen
- Der Rettungsdienst der sächsischen Feuerwehren
- Der Rettungsdienst des Königlich sächsischen Militärs
- Das Hilfswerk
- Ein Rückblick auf die früheren großen Überschwemmungen
- Verzeichnis der durch das Hochwasser geschädigten Ortschaften

Husum Druck- und
Verlagsgesellschaft
Postfach 1480
25804 Husum
www.verlagsgruppe.de